价值投资的赢利法则

好行业
好公司
好价格

高国徽◎著

清华大学出版社
北京

版权所有，侵权必究。举报：010-62782989，beiqinquan@tup.tsinghua.edu.cn。

图书在版编目(CIP)数据

价值投资的赢利法则：好行业　好公司　好价格/高国徽著.—北京：清华大学出版社，2020.4（2022.7重印）

ISBN 978-7-302-55096-9

Ⅰ.①价… Ⅱ.①高… Ⅲ.①投资—研究 Ⅳ.① F830.59

中国版本图书馆 CIP 数据核字 (2020) 第 047148 号

责任编辑：王巧珍
封面设计：李召霞
版式设计：方加青
责任校对：王荣静
责任印制：朱雨萌

出版发行：清华大学出版社
　　网　　址：http://www.tup.com.cn，http://www.wqbook.com
　　地　　址：北京清华大学学研大厦A座　　邮　　编：100084
　　社 总 机：010-83470000　　邮　　购：010-62786544
　　投稿与读者服务：010-62776969，c-service@tup.tsinghua.edu.cn
　　质 量 反 馈：010-62772015，zhiliang@tup.tsinghua.edu.cn
印 装 者：三河市东方印刷有限公司
经　　销：全国新华书店
开　　本：148mm×210mm　　印　　张：8.875　　字　　数：174千字
版　　次：2020年5月第1版　　印　　次：2022年7月第3次印刷
定　　价：69.00元

———————————————————————————————

产品编号：082813-01

序一

上海尊为投资公司执行董事　仇彦英

中国已经进入财富管理时代,这是我们的人均GDP在2016年突破8000美元,2019年又突破10 000美元后的必然结果。所谓财富管理,简单地讲,就是通过投资不同的资产,形成合理的资产配置,让自己的财富能够保值增值。既然是投资,就需要承担风险,当然就会出现盈利或亏损。我们看到越来越多关于投资成败的故事,它们时刻都在我们身边发生。无论是成功的经验,还是失败的教训,都是我们投资路上的组成部分。

怎样进行投资呢?投资就是投资未来,因此我们需要对未来进行判断。这种判断应该是对周期的认识,是对趋势的理解。证券市场有牛市,也有熊市,这是如何形成的呢?从经济学上,我们认为是经济周期决定的。从金融行为学上,这是投资者的不理性行为导致的。中国股市的历史很短,但经历了多次牛熊市,它既有一夜暴富的传奇,也有倾家荡产的悲剧。显然,每个投资者都希望通过研究中外股市的历史，找到投资的诀窍，但很遗憾，聚集了众多人才的研究机构，仍然难以给出让每个投资者都赚钱的方案。也许，这就是股市的神秘所在，更是投资的魅力所在。但是，我们通过阅读本书，可以看到牛市的基本特征，可以认清熊市的规律。这些清晰的表象，对于我们如何认知未来，甚至比我们在象牙塔中学习的有效市场假设、随机游走模型等更有价值。虽然我们无法预知未来，但我们可以清晰认知现在，也许这对于我们的投资更有意义。比如，当我们看到股市的总体估值已经进入历史的底部区间，对于投资来讲，这就是最正确的信号，如果等到经济周期发出看好的指标，往往我们就错失了最好的机会，正如巴菲特所说，"当你听到布谷鸟叫时，春天已经过去"。当我们看到市场的估值在挑战历史高点，没有理由兴奋，因为沸腾的盛宴，往往意味着狂欢过后是风险。理性地看待不理性的股市，比投资理论更能够让我们把握机会、远离风险。本书中，对于牛市、熊市的一些典型特征的数据分析和案例描述，都值得投资者品味和思考。

  对于投资来讲，讨论股市的牛熊市并不是最重要的，因为这是我们必须接受和面对的现实。我们应该把更多的精力用于研究产业和公司。在经济周期的每一个时期，在经济发展的每一个阶段，都有鲜明的产业特征。以中国经济发展的阶段来讲，在发展初期，我们的消费需求集中在轻工纺织、家用电器等基本消费品，于是产生了四川长虹这样的十倍股（tenbager）。随着中国经济的发展和人民收入的提升,对房产、汽车的需求进入爆发期,如果在这一时期持有万科、保利地产、上海汽车、长城汽车等公司股票,就可以获得数十倍甚至百倍的收益率。在智能手机普及的今天,我们看到大族激光、歌尔股份、立讯精密等获得快速增长,投资其股票当然就可以获得可观的收益。当然,我们也没有必要惊讶于贵州茅台、恒瑞医药等公司的股价上涨经久不衰,这是这些企业的赢利能力和成长趋势带来的。如果以沪深股市的综合指数来看,A股市场的表现是令人失望的,但如果我们从产业和公司的角度来看,中国经济催生的一批伟大的企业带给投资者的回报是惊人的。从书中的一个个案例中,我们可以看到哪些产业只是主题投资,更多的是投机气氛的产物,哪些产业更具有成长空间,从而带来投资机遇。

  如何把握这些投资机会呢?必须既要深刻理解产业的发展规律,又要研究企业的未来。在新兴产业发展的初期,企业的盈利还没有释放出来,甚至基本的赢利模式尚未确立,因此会给投资带来风险。这就需要我们密切跟踪产业的需求变化,认真研究企业的经营态势和发展前景。当前,我国证券市场上开始盛行研究之风,越来越多的证券公司、共同基金、投资机构等,在投资研究上投入巨大的人力财力,其根本目的就是希望每个分析师都能够充分认识其所负责的行业与公司的机会或风险,从而为投资者提供重要的投资支持。

  当面对复杂的国内外经济形势,变幻莫测的国际金融市场,越来越复杂的金融工具时，我们就会感到投资太难了，获得良好的回报更是难上加难。书中给出了很好的答案，就是投资好公司。好公司是个综合概念，不仅仅是企业的赢利，还包括企业的治理结构、经营战略、发展前景、股东回报等，所有的这些指标最终表现为，随着时间的延伸，企业会越来越壮大，既有市场占有率的稳步提升，又有赢利能力的提高和市场竞争力的增强。如果我们把这些指标用于寻找好公司，就会明白哪些公司的股价是在被过度炒作，股价必将回归价值，哪些公司的股票值得长期投资。于是，我们的投资最终会聚焦到屈指可数的好公司上，从而让投资变得轻松，同时投资收益率也会显著提高。我们看到很多成功的案例，基本都遵循这样的规律。书中谈到的很多伟大的公司，很多成功的投资者，会让我们的投资变得简单、清晰、有效。所以，我们可以拿出些时间，循着作者的笔迹，把这些案例研究得更加透彻。

随着我们进入财富管理时代，每个人对财富的需求，对投资的渴望都是强烈的。但每个行业都有门槛，都有专业上的制约，特别是证券投资，涉及的专业知识、研究能力、经验积累，都会给投资带来风险。因此，我们最好的投资方式应该是委托投资，通过购买共同基金、私募基金等方式，让我们从复杂的投资中解脱出来。怎样正确认识这些投资产品，则是另一门学问。

总之，本书既有对牛市的观察，也有对熊市的解读；既有对热点现象的剖析，也有对不正常现象的思考；既有对成功投资的诠释，也有对失败投资的经验总结。作为投资者，选择几本有利于投资的书来阅读，就是在做正确的事和正确地做事。在图书市场上，关于投资的书不说是浩如烟海，也可以说是汗牛充栋。但要在其中找到对投资有用的书，却又很困难。有的书籍陷入理论空洞，让投资者一头雾水，不知所云；有的粗浅而不着边际，让严谨的投资变得随意。高国徽先生的这本关于投资的书，来自股票市场的大量真实数据和实际案例，不是主观臆断，而是对客观事实的总结，是对投资成败的归纳，这正是投资者最应该了解和学习的。

通过阅读本书，可以极大丰富我们对证券市场的认识，当然也能够提升我们的投资水平。

序二

凯石公募基金投资研究总监兼基金经理　梁福涛

对于中国股市的长期趋势，我们充满乐观。在经历了经济供给侧改革和高质量发展再平衡之后，当前经济结构持续优化和发展质量持续提升，消费内需成为经济增长的主要动力，服务业、制造业转型升级，科技创新推进发展，都构成了市场长期向好的经济基础；金融供给侧改革，资本市场改革，A股市场化转型深入，监管强化和上市公司质量提升，都将促使全球机构和居民资产配置继续倾向A股。

驱动市场的经济基础和结构发生变化的同时，A股投资也在逐步发生变化，注重基本面趋势、以价值为基础的投资超额收益更加明显，以价值为基础的投资也将日趋盛行。首先，在高质量发展的推动下，社会的要素成本以及社会环境的约束都在提升，很多行业内的公司竞争日趋激烈，集中度逐步提升，公司自身内在的竞争优势及基本面差异将决定公司发展的趋势；其次，行业监管着力的方向也将日趋重视上市公司的质量提升，包括财务客观真实、严格信息披露等；最后，随着养老金入市进程加快，外资持续扩大流入，机构投资者投资比重将会持续提升，形成以基本面为基础的价值投资风格。

回首过去10多年的投研经历，其间市场经历了多次牛熊市，我先后从事过行业研究、宏观研究以及养老保险机构资金管理、公募基金投资管理等，几乎经历了投研的所有岗位，更是经历了中国资本市场的成长发展和中国资产管理、投资管理的逐步成熟发展。我之所以能够在牛短熊长的复杂A股市场中相对从容地度过，并且得到持有人的认可，我想在很大程度上，应该感谢多年来在优秀券商研究平台和长期养老金投资管理方面的经验积累，从而得以构建以注重基本面价值为基础的投资体系，并且形成了有特色的价值增值投资风格和方法。

本书作者深刻洞察资本市场的变化，以A股从概念炒作到价值投资大变局为背景，通过生动的案例以及通俗易懂的语言揭示如何从好行业、好公司、好价格等角度选择买入和卖出公司股票，避开投资陷阱，顺应新市场、新策略，做好A股投资。本书揭示的很多方法和理念正是以基本面为基础的价值投资的通俗体现，毋庸讳言，这是一本及时的书，一本实用的书。

自序

高国徽
2020年1月

这是一个伟大的时代，我们幸运地置身其中。

2019年国庆阅兵所展现的70年来的发展成就，于我这一代人更容易感同身受。20世纪70年代，温饱尚且不易，而今，素食减肥、共享单车、电子支付已是生活日常，即使前人最大胆的想象，也不能勾勒社会沧桑巨变之万一。1952—2019年，中国GDP总量从679亿元跃升至99万亿元，人均GDP从119元提高到7万多元，国民财富的增长规模和增长速度令人惊叹。改革开放让财富的源泉涌流，创造财富即创造价值渐入人心。A股市场经过30年的发展，已成长为世界第二大资本市场，是投资者分享经济发展成果不可或缺的途径。

巴菲特曾说，我的成功源于我出生在美国，即使洛克菲勒有权有钱，但他当时的生活还不如我现在的邻居。巴菲特认为，是美国社会经济稳定发展、资本市场长期慢牛走势成就了他的投资传奇。同时他也提醒投资者，要乐观面对未来，现在比过去好，未来比现在好。做投资在某种意义上是对一个国家、一个民族下注，赚的是大趋势的钱，所以国运很重要。投资的过程会遇到各种不确定性困扰，绝不会一帆风顺，所以好心态很重要。

  投资往往是理想丰满、现实骨感。在 A 股市场，除上市公司原始股东、一级市场投资者和董监高外，二级市场的投资收益不及预期。以历史眼光来看，无论制度设计、上市公司还是投资者，中国股市还处在成长发育期。而从金融行为学的角度来看，有什么样的股市，就有什么样的投资者；反之，有什么样的投资者，就有什么样的股市。所以，用正确的理念方法指导投资，有着特别的意义。

  证券投资的本质是投资证券背后的公司，然而在二级市场上，脱离公司基本面、奉 K 线走势为投资"圭臬"的人并不在少数。作为 20 世纪 90 年代入市的投资者，本人几乎亲历过 A 股所有的制度变革和牛熊更替，钻研过技术分析，也追过热点、跟风炒概念，有迷茫孤独，也有充实快慰。投资看似简单，但知易行难。归根结底，没有正确的投资理念，就很难有令人满意的投资结果。即使现在，市场上形形色色的各种短线技术分析、看图跟庄、伏击涨停板之类图书仍占据销售排行榜主流，这不能不让人唏嘘。

  从 A 股历史上的几次大行情看，大多以价值发现开始，以概念疯炒结束。1996—1997 年的牛市，上证综指涨幅不到 3 倍，深证成指涨幅却达 6 倍多，原因是深圳有大量的香港回归概念股可以炒作，1997年7月之后，香港回归概念股又纷纷跌落回起点。1999年的"5·19"行情，凡是带科技和网络字样的股票闻风飙涨，2013年的上海自贸区概念股、2015年的创业板市值股管理股、2017年的雄安概念股事后也都证明是昙花一现。短线交易者如果长期追涨杀跌，虽久赌无输赢，但由于股市还有手续费等交易成本，最后结果可能还不如打麻将。

那么到底该如何做投资呢？或者说如何做价值投资呢，答案其实并不复杂，核心就是四个方面。

一是买股票就是买公司。把股票看成公司的一部分，如果公司不上市你是否还愿意成为股东？

二是估值。不受市场交易价格干扰，要有自己对公司价值的估价。

三是安全边际。为了防止自己估值不准或者误差，要在股价远低于估值时入手，留足安全边际。

四是能力圈。诚实面对自己，在自己的能力范围内投资。什么是能力圈？查理·芒格曾有一个狡黠的解释：如果你具备了某项能力，你就知道自己的边界；如果你不知道自己的边界，你就还不具备这项能力。

投资既然是买入优秀公司并长期持有这么简单，为何成功者却如此之少？其实每个行业都相似，大道至简，但能一以贯之的人少之又少，更何况把价值投资当作信仰，做到"心之所向，九死未悔"的人更少。巴菲特曾言，一家公司股票如果不想持有10

年，就不要持有一分钟，试问能做到这一点的有几人？在财富的积累方式上，人人都愿意做飞跑的兔子，没有人愿意做爬行的乌龟。查理·芒格说，40岁之前很难有真正的价值投资者。董宝珍也曾感慨，价值投资者是天生的。

从A股30年的市场结果来看，上市后涨幅超百倍、长期表现较好的公司，如万科、泸州老窖、云南白药、贵州茅台、五粮液、伊利股份等，无一不具备优秀的基本面投资价值。在A股市场的投资者中，也已涌现出一批长期持有优秀公司而达到财务自由的投资者。段永平买网易赚百倍收益，长期持有贵州茅台，他买股票不看K线只看三个标准，即好生意、好公司和好价格，完全围绕公司的基本面价值来做投资，不为市场短期涨跌左右。林园投资的几个成功股票，像云南白药、贵州茅台等，买了以后就没有再卖出过。草根高手sosme（张伟），每天跟踪调研公司、研读财报到深夜，第二天下午股市收盘后才起床，基本不看盘。类似的投资者还有很多，对多数投资者而言，聚焦公司基本面价值，进行长期投资才是正确的理念方法。那些借风口题材炒作的各种概念股，风起时，风光无限，一时无两；风停时，黯然跌落，概莫能外。

投资是一场修行，热爱家国，敬畏市场，尊重时间，相信真理。投资既需要恒久忍耐，又需要恩慈，不自夸，不张狂，投资不能只求自己的益处。约翰·邓普顿爵士以价值投资闻名，他自己从不买烟草和博彩业股票，他认为，资本也应该流淌着道德的血液。

投资是热爱生活，相信未来。

本书前四章围绕公司基本面，从公司的财务指标、行业环境、企业价值观、市场环境等角度，探讨好公司、好行业、好价格的特征。后四章内容是关于投资的安全边际、如何识别公司陷阱和风险预警信号，如何形成良好的投资理念和投资心态等。

本书诸多案例来自近几年的A股市场，市场在发展，公司也在进化，好公司可能会变成坏公司，问题公司洗心革面也可能浴火重生。书中的具体案例带有鲜明的时间烙印和特定背景，请广大读者在阅读时注意甄别。由于作者水平所限，书中的疏漏在所难免，不足之处，欢迎读者朋友批评指正。

CONTENTS | 目 录

第一章　股市正在财富风口　/ 001

A 股巨变，投资时代来临　/ 006
频繁交易是投资失败元凶　/ 009
散户在 A 股的影响力下降　/ 013
投资不简单，投资也简单　/ 015
买入"三好公司"并长期持有　/ 018

第二章　好公司　/ 023

定量分析　/ 027
　一看净资产收益率　/ 028
　　爱尔眼科 10 年涨 13 倍　/ 030
　　为何"妖股"东方通信股价难支撑　/ 032
　二看主营产品毛利率　/ 033
　三看市盈率　/ 034
　　高市盈率导致苹果概念股惨跌　/ 035
　四看股息率　/ 036
　　基金喜欢"一低三高"　/ 039
　　股息率衡量市场投资价值　/ 040

定性分析 / 042
　股票回购，牛股明牌 / 043
　美股长期牛市，回购功不可没 / 044
　大笔回购提升中国平安内在价值 / 046
　贵州茅台是A股价值投资的"圣杯" / 047
　茅台虽好，切忌贪杯 / 049
　大股东和高管大笔减持 / 051
　产业资本举牌 / 054
　公司异常行为 / 056
　电广传媒两亿元卖画露蹊跷 / 057
　学习巴神好榜样 / 059
　核心资产大旗还能举多久 / 061
什么是"护城河" / 063

第三章　好行业 / 065

银行股是A股"压舱石" / 068
认知偏差压低了银行估值 / 070
银行股长期投资收益跑赢大盘指数 / 073
蓝筹股与科技股未来谁更强 / 074
《哪吒》爆红，影视业能踩上风火轮吗 / 076
房地产板块估值低、负债高 / 079
房地产机会在头部公司 / 080
戴维斯双击偏爱券商股 / 082

跑马圈地，资源向头部券商集中 /084
5G真来了，咬定核心，警惕炒概念 /085
医药股看广告还是看疗效 /087
行业降杠杆，周期股受益 /089
巴菲特投资可口可乐的启示 /091
面向市场的企业才靠谱 /094

第四章　好价格 /097

别傻了！买股首先看估值 /102
估值便宜，投资者却纠结 /104
市场底部特征 /106
  特征一：下跌后期的蓝筹股补跌 /106
    暴跌之后，白马股估值诱人 /106
  特征二：市场出现破发潮 /108
  特征三：僵尸股批量出现 /110
市场情绪直接影响股价 /112
创业板月线七连阴 /114
与纳斯达克相比，创业板弱在哪儿 /116
创业板5元以下股票超百只 /118
观察长线资金行为 /119
保险资金积极入市 /121
可转债出现诱人套利价格 /123

第五章 卖出的逻辑　　　　　　　　　/ 127

卖股情形一：投资出现误判　　　　　　/ 132
定增是机会还是坑　　　　　　　　　/ 134
任性停牌公司容易任性　　　　　　　/ 136

卖股情形二：企业基本面出现重要变化　/ 138
蓝筹股大跌，机会还是陷阱　　　　　/ 139
ST 股炒作已是穷途末路　　　　　　 / 141
巴菲特的加仓逻辑　　　　　　　　　/ 143
巴菲特清仓沃尔玛　　　　　　　　　/ 145

卖股情形三：价值被严重高估　　　　　/ 146
小心"独角兽"变"野兽"　　　　　　/ 147
13 个涨停，恒立实业怎么了　　　　 / 149
海南板块：花开花落靠题材　　　　　/ 151

卖股情形四：有更好的投资机会　　　　/ 153
股价破发是机会吗　　　　　　　　　/ 154

第六章 避开投资陷阱　　　　　　　　　/ 157

烂公司是藏不住的　　　　　　　　　　　/ 160
因为贪婪，所以相信　　　　　　　　　　/ 162
贾跃亭造车，画饼难充饥　　　　　　　　/ 163
适合赌博的公司长啥样　　　　　　　　　/ 165
厨房有蟑螂，不会就一只　　　　　　　　/ 166
账上不差钱为何还要借钱　　　　　　　　/ 168

问询函是风险提示函 /169
炒概念本质是击鼓传花游戏 /170
业绩藏雷股的特征 /173
销售费用那么高，忽悠花了不少钱吧 /178
自媒体"扒粪"，专叮有缝的蛋 /180
赛马只是下注的题材 /182
真相来了！骑师比马跑得快 /184
商誉是颗定时炸弹 /185
退市玩真的！ST 公司是高发区 /187
用脚投票见效，一元股退市风险大 /188
高送转一文不值，还会弄巧成拙 /190

第七章　新市场　新策略　/193

MSCI 资金的新玩法 /195
观察政策信号和资金信号 /198
A 股 10 年不涨？指数编制有欠缺 /201
此 3000 点非彼 3000 点 /204
少盯指数，多看价值 /205
人多的地方要少去 /208
假如巴菲特买 A 股，会买什么 /209
追科技股谨防幸存者偏差 /212
都是网红，差别为何这么大 /214
数字货币概念热，警惕"过山车" /218
大资金更关注确定性 /221

第八章　投资是一场修行　　　　　　　/ 223

股市大跌怎么办　　　　　　　　　　　/ 225

股息率高有多重要　　　　　　　　　　/ 227

市场不确定，但你要确定　　　　　　　/ 230

低价股风险反而比高价股大　　　　　　/ 232

放大镜和望远镜所见不同　　　　　　　/ 234

机构跑步入市，散户却在断舍离　　　　/ 236

科创板的看点在注册制　　　　　　　　/ 238

参与科创板，防无知更要防偏见　　　　/ 241

科创板交易"三高"难持续　　　　　　/ 243

底部到底长什么样　　　　　　　　　　/ 246

降息降准是对股市放大招　　　　　　　/ 249

A股GDP占比仅70%，成长空间大　　 / 252

社保基金赚万亿，秘诀何在　　　　　　/ 254

上证5178点回顾，谁是赢家　　　　　 / 256

金融业开放，释放增长红利　　　　　　/ 259

跋　　　　　　　　　　　　　　　　　/ 262

第一章

股市正在财富风口

约翰·邓普顿——

一个国家的财富不能只依靠自然资源，它还应该依靠人们心中的想法和观念。

第一章 股市正在财富风口

在纪念改革开放四十年的作品中,有一部名为《大江大河》的电视剧在全国热映。故事讲的是三个贫穷青年的奋斗历程,他们考大学、办窑厂、卖馒头、做生意,白手起家,抓住历史机遇,逐步从底层生活一路脱颖而出并取得不平凡的成绩,让许多观众感同身受,产生强烈共鸣。从 1978 年改革开放算起,40 多年来中国社会生活环境可谓产生沧桑巨变,从农业社会到工业社会再到信息社会,时代的巨大变迁为每个人提供了无数次改变命运的机会。有人统计过,在过去 40 多年里,普通人有 7 次可以改变命运的大机会,分别是高考、办乡镇企业、价格双轨制、九二下海、挖煤炼钢炒资源、房地产和互联网科技。换句话说,如果你在 1978 年后参加了高考,在 1980 年前后开办了乡镇企业或者做"倒爷",在 1992 年下海经商,在 2000 年做煤老板或矿老板,2000 年以后在大城市买房,21 世纪初加入腾讯、阿里、华为等知名的互联网科技企业,都可以改变自己的命运。

2018 年大学毕业生已经超过 800 万人,而在 1978 年这个数字只有 16.5 万人,大学毕业生现在不再稀缺,大学学历已是许多工作的基本就职要求。很多人都关心下一次改变普通人命运的机会在哪里？假如给个机会，让你带着现在的记忆穿越回到20年前，重新选择做投资的话，估计中国人都会毫不犹豫地选择买一线城市的房子。可是在20年前，很少有人能认识到房子的价值。2014年3月，《南方周末》记者采访万科前董事长王石。王石说，1997年国家派人找了几家出口企业和房地产企业座谈，主要目的是找未来中国的支柱产业。轮到我发言时，我说房地产怎么能成支柱呢，然后从金融、税收、规模、体制一一做了分析。没想到座谈结束时负责人说，你是房地产专家啊，我聘请你来做房地产顾问。

从这件事可以看出，即使是房地产行业的领军人物王石，当年也错判了中国房地产业的未来走势，而且是有理论依据的系统错判。按理说王石是有系统、有逻辑地思考过这个问题的，但错判也有其合理原因，如果他说的那些因素不改变，也许他就是对的。后来国家也确实是从这几点来解决问题的，王石担心的问题后来政府都逐步解决了。王石的过人之处恰恰就在于能够及时审时度势，从而带领万科发展成为中国房地产行业的标杆企业之一。

王石尚且在当时对房地产行业的未来发展没有信心，估计当时社会上其他人对房地产就更没有信心了。这像极了当前的股市，几乎绝大部分人都对股市没有信心，A股从1990年开市以来给更多人带来的就是伤痛，也确实存在一些制度漏洞。即使到了2001年，"赌场论"还能赢得很多人的认同，到现在也有很多人持有这种观点。

从房地产行业来看，经过20年的繁荣之后，2018年国内房地产年销售总额在 15 万亿元左右，中国 GDP 总量是 90 万亿元，而到 2018 年，中国居民持有的房地产总价值粗算在 350 万亿～450 万亿元，是 2018 年 GDP 总量的 4 倍多。2018 年，全球主要国家的房地产总值与本国 GDP 之比平均在 2.6 倍左右，而我国超出全球平均水平的 50% 以上。所以无论从政策方面国家坚持"房住不炒"，还是从总量来看，这样巨大的房地产市值，这么高的占 GDP 比重，通过买房来实现高收益的历史机遇期已经过去。

未来普通人改变命运的机会在哪里？主要有两个方向：一个是"大众创业，万众创新"，也就是创业；另一个就是股权投资收益，是以资本市场为代表的权益类资产的投资机会。本质上，大众创业如果要走得更远更好，也一定离不开股权的设计和分配，离不开大大小小的股东加持。"房住不炒"，告别房地产后，当今的时代就是资本的时代、投资的时代。

历史上每一次大的机会出现，往往是以被误解开始的。改革开放之前，知识分子被称为"臭老九"，而下海经商则无异于"投机倒把"，后来的"煤老板""炒房团"称谓，无一不带有轻视的意味。而社会的整体偏见，却给吃螃蟹者以巨大回报，成为历史馈赠的时代机遇。股市也不例外。20 世纪 90 年代，早期从事股市投资也并不受人待见，投资者开户交易偷偷摸摸，进行行情交流也常常集聚于夜市，上海广东路的马路股市沙龙历经 20 多年仍人声鼎沸、热闹非凡，每到周六、日晚就有不少投资者在此交流行情。20 世纪 90 年代还曾有干部不许炒股之禁令，沿用至今的以

"股民"称谓代替股东,这些仍能管窥那个时代资本的"罪孽"。资本市场不成熟,股票指数大起大落,以至于有人调侃说,中国有两个最让人抬不起头的领域:中国股市和中国足球。长期的偏见和误解使得资本市场的功能没有得到应有的发挥,一些优质核心资产和科技创新类产业的内在价值没有被充分挖掘,这反而为投资者提供了历史机会。

A 股巨变,投资时代来临

20 世纪 90 年代,中国股市的规模还比较小,2000 年以后虽然初具规模,但股市投资与买房投资相比,收益似乎相形见绌。A 股虽然一直被吐槽,但 A 股的实际表现并不差,复合收益率远高于中国经济的增长速度。1990—2018 年,上证指数 28 年上涨了 25 倍,年化收益率在 13% 左右。从全球资本市场来看,美国股市是公认的收益典范,美股在 1980 年之后的 40 年时间里,基本维持了长期向上、新高不断的态势,标普 500 指数 40 年涨幅近 20 倍,年化收益率在 10% 左右。可以看出,美股总体收益率其实比 A 股还低一些。

沪深交易所在 1990 年年底成立,历经 30 年的发展,国内资本市场的环境正逐步走向规范,投资正在成为富有魅力和有前景的行业,主要原因如下。

一是我国股市已发展成为世界第二大市场。截至2019年12月31日，国内A股上市公司超过3700家，总市值在60万亿元左右。规模大但证券化率不高。证券化率正是通过观察一个国家证券总市值与GDP的比值来判断该国的市场潜力。由于中美之间在人口、土地面积、工业门类和综合国力等方面有一定可比性，美国股市也是A股借鉴学习的主要对象，所以拿美股和A股对比，更能佐证A股的未来。2017年以来，美股的证券化率保持在200%左右，而A股到2019年这一数字在60%左右，即使A股与海外上市的中资股市值加在一起，总体也只有80%左右。由此可见，未来中国经济若继续保持6%的中高速增长，我国股市将存在巨大发展空间。

二是从居民资产配置的角度来看，由于人口老龄化以及人均住宅面积已接近国际水平，我国居民住房需求最旺盛的阶段已经过去。未来居民在资产配置方向上，会逐步减配地产，加配股票、债券和基金等权益类资产，因为除了房地产外，只有股市才有承接这么巨大的不断增长的财富配置容量。与美股相比，我国的长线资金，包括养老金、保险类资金、企业年金以及银行理财资金等，入市仍在起步阶段，即使加上公募基金和私募基金，到2019年年底，投资机构在国内A股的总持仓市值占比在20%左右，而美国的这个数字已经超过60%。

三是外资正通过各种渠道加速流入A股，外资持有A股的比例不断增加。2002年11月5日，中国证监会、中国人民银行联合发布《合格境外机构投资者境内证券投资管理暂行办法》，该办法于2006年9月1日废止。2003年瑞银第一单QFII（合格境外机构投资者，Qualified Foreign Institutional Investors 的缩写）的下单，标志着外资正式进入A股市场。2014年开通沪港通，2016年开通深港通，2018年6月摩根士丹利国家指数（MSCI）正式纳入A股。英国富时指数、美国标准普尔指数投资体系都已公布将A股纳入其投资体系的时间表，来引导全球资金配置。2019年8月，外资持有A股总金额已超过1.6万亿元，占到A股总市值的3%左右。我国台湾1983年开放资本市场，台股外资持股占比从1997年的9%上升到2018年的38%。韩国1981年开放资本市场，外资持股占比从1997年的15%上升到2018年的32%，韩国股市中外资占比均远大于A股，日本股市的外资占比更是长期维持在30%左右。2018年部分国家（地区）股市外资占比见图1-1。

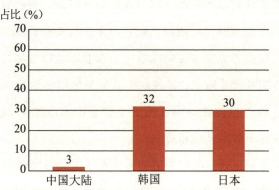

注：本书所有图表中的数据均来源于万得数据和东方财富数据，经本人整理而成。

图1-1 2018年部分国家（地区）股市外资占比

由此可见，由于外资在 A 股的基数和规模还比较低，未来增长空间巨大，持续稳定流入的外资将推动 A 股市场进一步规范成熟，形成财富效应。

四是 A 股已经涌现出以沪深 300 指数为代表的一批具有投资价值的蓝筹股群体。可以说除了极少数公司如华为、老干妈等，中国所有的优秀企业都是上市公司。对于普通人来说，如果你没有能力去创办一个优秀的企业，但是你有机会去分享一个优秀企业发展的红利。特别是当你发现了一门好生意或独特资源被一些优质公司垄断，你不必绞尽脑汁费尽周折去成为它的员工，直接买它的股票当它的股东就行了。像阿里巴巴、腾讯控股、贵州茅台、五粮液、招商银行、中国平安、伊利股份、恒瑞医药、云南白药、福耀玻璃等优秀公司，在合适的时机投资这些公司，成为它的股东，不亦快哉！

频繁交易是投资失败元凶

做股票投资的人往往都有一个美好的愿望，希望自己能够在下跌前或者即将出现持续下跌的时候，提前抛出股票，离场观望规避风险，然后等到股票跌到很便宜的时候趁机买回来。于是，这让高抛低吸理论比单纯持有股票策略看上去更有诱惑力。

但是，不同类型的投资者对高抛低吸的理解并不相同。在趋势投资者或波段投资者的眼中，按照预先设定的交易计划或程序来实现高抛低吸，时间一般比较短；在价值投资者的方法中，利用股票的低估和高估，实现高抛低吸，实现的周期往往比较长。

遗憾的是，理论和现实之间往往有一堵不可逾越的墙，短线频繁高抛低吸只是看上去很美，从长期来看，过于频繁的高抛低吸反而不会达到预期的投资收益。因为投资者不是神仙，做不到买在最低点，卖在最高点，同时也做不到买完就涨，卖完就跌，因此必然存在交易误差。最糟糕的是卖完不仅没跌，还继续涨，丝毫没有出现回调，这种情况并不少见。此时投资者要么当机立断，立即高价购回，要么彻底丧失买回的勇气，很可能与大牛股失之交臂，看着股价每天高涨，心中五味杂陈，相信新手和频繁买卖者都会有很多类似记忆。一脚踏空，后悔终生，希望高抛低吸多赚一些，结果却是赔了夫人又折兵。

从国内外长期投资实践来看，普通投资者想要实现高抛低吸并不容易，甚至是歧途。其原因就在于投资者是人不是神，不仅存在交易误差，更有不菲的交易成本，佣金、印花税等费用叠加在一起，造成的损失累计起来并不小。理想很丰满，现实却骨感，很多人折腾来折腾去，把宝贵的时间花在看K线波动上，但回过头来看还不如耐心持股好。很多人在牛市没赚多少钱，到了熊市赔大钱，主要就是这个原因。

需要指出的是，投资者频繁交易和通过计算机量化交易还是有较大区别的。量化交易是指以数学模型替代人为的主观判断，利用计算机技术从庞大的历史数据中海选能带来超额收益的大概率事件，制定应对策略，减少了投资者情绪波动的影响，避免在市场极度狂热或悲观的情况下做出非理性的投资决策。即便是量化交易，也并不是经常有效，因为市场千变万化，需要实时监控策略的有效性，一旦策略失效，还需要及时停止策略或进一步优化策略，这些也要付出机会成本。

巴菲特和对冲基金10年赌约的故事，让人们看到复杂的交易策略并非最有效的策略。2007年11月，巴菲特在美国一家慈善赌博网站上发帖，愿以50万美元赌在未来10年内，没有一位基金经理管理的主动型基金的收益会超过标普500指数基金的收益。巴菲特赌约公开后，华尔街的基金经理泰德·西德斯站出来应战。他精心挑选了5只主动型基金与巴菲特挑选的标普500指数基金进行对赌，起始时间是2008年1月1日，截止时间是2017年12月31日。最终，巴菲特指定的标准普尔500指数基金获得了125.8%的收益，而泰德·西德斯挑选的5只基金取得的回报分别为：21.7%、42.3%、87.7%、2.8%、27%，平均收益只有36.3%，完败于巴菲特。标普500指数与泰德·西德斯所选基金10年收益对比见图1-2。

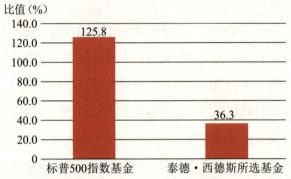

图 1-2　标普 500 指数与泰德·西德斯所选基金 10 年收益对比

这个故事再次印证了巴菲特一贯的观点,主动型基金投资交易策略虽然看上去高大上,但其业绩未必比被动的指数化投资效果好。遗憾的是,虽然多数基金经理管理的基金跑不过指数产品,但是许多投资者还是迷信复杂的交易策略,并未认识到巴菲特观点的重要价值。

从欧美基金公司投资的长期历史来看,有超过半数的基金很难跑过大盘指数,比如,美国的基金公司长期投资收益就很难跑过标普 500 指数。从国内基金公司的历史来看,也有类似情况。这里有基金管理者水平良莠不齐的原因,也有管理成本高和投资者不成熟等原因。投资者的不成熟表现在,往往在牛市后期的时候,很多后知后觉的投资者大量买进基金份额,造成基金被迫加仓追涨,而在市场低迷、投资价值凸显之时,很多投资者无法忍受亏损而主动赎回,造成基金经理被迫低位杀跌取现。说到底还是因为不能超越市场影响,过于关注股价波动追涨杀跌所致。

散户在A股的影响力下降

A股市场的散户占比过去一直较高,因此也被称为散户市场,但随着A股开放加快,外资不断流入,加上国内机构投资者发展壮大,A股散户化程度已经明显下降,投资者结构正在逐步趋向国际化、机构化。

A股个人投资者持股比例明显降低。散户持有A股流通市值的比例,已经从先前的80%以上降到了2019年的50%左右,降幅很明显,同时,1.2亿的散户里面,有86%的投资者账户的市值不超过50万元,这一点从科创板打新市值50万元以上符合条件的账户低于500万户也能佐证。散户持股比例虽然只占到流通市值的53%,但是对整个市场成交额的贡献仍维持在80%左右。这和散户交易频率高和换手率很高有关,个人投资者平均一年换手率是860%,相当于一个半月左右换手一次,是机构投资者的4倍。

A股机构化、国际化趋势明显。机构投资者和外资持仓A股的占比大幅度上升,尤其是私募基金和外资的资金增长非常快。外资持股在2018年年底占A股市值已经超过3%,在日本、韩国和中国台湾地区,外资在当地市场持股比例一般占到10%~30%。根据测算,未来5年每年大概平均还有3000亿元人民币的外资持续流入,对A股的影响力会逐渐增大。外资进入

A股买的股票多是食品饮料、家用电器和保险类公司，与散户买的计算机、农业、轻工等行业股票有所区别。2013—2018年的6年时间里，外资持股较多的股票平均年化收益率达到21%，远远跑赢了沪深300指数。

随着A股机构化趋势进一步发展，对市场的影响越来越明显。

在投资理念上，价值投资的影响力在上升。在2016年之前，短线或题材的市场影响力比较大。2016年之后，随着市场结构的变化，公司的基本面分析对市场的影响力逐渐在加大。

在选股标的上，蓝筹股和大市值公司受资金的追捧越来越明显，而中小市值的公司逐渐被边缘化，估值会逐渐降低。根据2018年以来的统计数据，从A股3600多家公司的成交额来看，成交金额最大的前30家公司，成交金额占整个市场的比例是15%。成交金额较低的后1000家公司，加起来的成交金额占整个市场的6%都不到。说明资金追求行业龙头股和大市值蓝筹股，小市值公司由于流动性和其他原因，估值一直在下降。以前大盘股或者几千亿市值的蓝筹股估值平均20倍左右，2018年后恒瑞医药、海天味业能涨到70倍的市盈率，一些中小市值的公司估值跌到二三十倍市盈率，股价仍然跌跌不休，不见起色。

投资者结构和市场理念的变化，对选股操作会有很大的影响，树立价值投资理念，关注低估值、有竞争力的行业龙头公司，将是取得投资高收益的关键。

投资不简单，投资也简单

说投资不简单，是因为世界上最优秀的投资大师索罗斯的量子基金29年的平均年化收益率是30%，巴菲特的伯克希尔46年的平均年化收益率是20.3%。并且他们还拥有不少优势，比如，美国股市相对成熟规范的市场环境，美国长期表现良好的经济增长，以及美股1950年以来的长期慢牛走势。一流的市场、一流的人才所取得的成绩看上去似乎和股神并不相配，但如果真正要在市场长期投资的话，这些纪录却至今很少有人超越，所以股市有"一年三倍易，三年一倍难"的说法。

李泽楷是李嘉诚的儿子，拿着李嘉诚给他的4亿美元创业，1999年在香港借壳重组成立盈科数码一战成名，成为当年《时代》杂志全球百名新一代领袖之一。随后李泽楷把目光瞄向互联网科技，拿出550万美元投资腾讯，并取得腾讯20%的股权。要知道当年的腾讯并未上市，发展还并没有那么强，更不是当时中国数一数二的互联网企业。持有腾讯公司一段时间后，李泽楷并不看好腾讯的未来，2004年腾讯上市前夕，他将自己手中20%的腾讯股份以4000万美元的价格转让了。15年后的腾讯市值已经超过了4000亿美元，倘若李泽楷依然持有20%的股份，什么都不用做，其所持有的腾讯市值将超过800亿美元，身家早已超过打拼多年的父亲李嘉诚。

很多投资者可能会说，李泽楷可能并不理解腾讯的价值。马化腾作为腾讯的创始人，对自己公司的价值应该是最清楚的吧。事实是，腾讯2004年上市后，马化腾几乎是每年减持，减持总数超过1.7亿股，总计套现超过216亿港元。减持价格从每股几港元开始一直减持到每股300多港元，与此相对的是，马化腾减持自己公司股票，然后买其他公司股票做投资组合分散风险，结果所做的投资组合收益远远低于自己腾讯控股股价的涨幅。所以投资者进入股市，要思考进股市的初衷，是小试身手随便玩玩，还是作为一项事业。但不管何种目的，都要做好承受风险的心理准备，对投资收益要有理性预期。

说投资简单，无非是买和卖，高抛和低进。很多人并没有经过专业学习和研究，也能说出几家长期回报很好的公司名称，对指数和个股的短期涨跌也有自己的主观感受和判断，有时候判断还很有道理。但是一旦进入市场，经过一段时间之后，反而没有头绪，与自己当初的期望背道而驰。正如格雷厄姆在《聪明的投资者》中所言：投资的艺术有一项特色，但它不为一般人所认同。门外汉只需要少许的能力与努力便可以达到令人敬佩的结果，若试图超越这项唾手可得的成就，就需要无比的智慧与努力。如果你希望稍微改善正常的绩效而在你的投资策略中加入一点额外的知识与巧见，你会发现结果不进反退。

投资并不难，从中外投资者的可以复制的经验来看，只要有正确的理念和理性且适合的标准，长期贯彻执行，取得预期合理的收益并不难。那么投资者在股市上赚的钱是从哪里来的呢？概括起来无非是两个来源：一种是赚其他投资者的钱；另一种是赚上市公司的钱。

赚其他投资者的钱就是和其他投资者博弈，关注技术分析和短线波动，无关乎上市公司基本面，别人亏的就是你赚的。假如上市公司不能产生价值，市场只是投资者互相博弈，那就是零和游戏，如果加上手续费和印花税，钱就会越玩越少直至归零，最终游戏玩不下去，所有人都是输家。

赚上市公司的钱是和上市公司博弈，以公司基本面为核心，信奉价值规律，价格终将体现价值，通过公司的发展成长实现股权增值收益。股票的本质是企业权益的份额，企业发展得好，股票价值就会增加，并且最终体现在股价上。

与投资者之间的博弈属于典型的多重博弈，涉及金融行为、交易心理等诸多方面，投资结果的不确定性大。与上市公司博弈，就是选择好的公司，进行长期投资、价值投资，风险收益相对容易确定，毋庸置疑是大多数投资者的较好选择。

长期投资、价值投资并不是一句口号，而是中外资本市场发展历史的经验总结。市场上有关投资的书籍汗牛充栋，但更多充斥的是各种技术分析和短线交易之类的图书，迎合普通人一夜暴富的心理，实在是误人不浅。对于价值投资研究，经验和方法也有很多，不同人的体会也略有不同，但核心都是以上市公司估值为核心，寻找价格低估的好公司，通过较长时间持有，在价值被市场认可或者被市场高估后兑现收益。

价值投资的核心可以归结为九个字——"好公司、好行业、好价格"。投资就是去找这样的"三好公司"。找到之后操作上就更简单了，交易策略只有五个字——"买入并持有"。大道至简，做投资就是"买入并长期持有三好公司"。本书内容也是围绕这个理念，研究并分享怎么发现好公司、好行业，如何界定好价格，以及长期持有过程中如何避免各种陷阱和扰动因素。投资环境的变化如地震般不可预期，但健全的投资原则必然会产生可观的投资结果。

买入"三好公司"并长期持有

谁是投资者？谁是投机者？两者的真正区别在于他们对股价走势的态度。投机者的主要兴趣在于预测短期行情波动，并从中谋利。投资者的兴趣在于以适当的价格买进，对短期市场波动并不特别关心，而是利用波动在低价时买进，在明显高价时兑现收益。

有人认为，A股市场投机气氛太浓，不适合做长期投资。我们来看A股20年的投资回报数据，时间是从1999年到2019年。为什么从1999年开始呢？因为A股早期上市公司少，样本不具有代表性。1999年"5·19行情"开始的时候，A股有857只股票，其中到 2019 年 5 月 19 日还在正常交易的股票是 780 只。在这 780 只股票里，其中 20 年涨幅超过 5 倍以上的公司有 160 家，占总数的 20%，这 160 家公司股价的涨幅相当于 20 年持续年复合收益率超过 10%。其中有 136 家公司股价 20 年涨幅在 5～20 倍，涨幅超过 20 倍以上的公司有 24 家。其中格力电器、云南白药涨幅超过了 100 倍，双汇发展、伊利股份、五粮液、泸州老窖、山西汾酒、古井贡、复星医药、丽珠集团、上海医药等公司股价涨幅在 80 倍以上。这么多公司取得这样好的收益，与 A 股的声名狼藉相比，成绩出人意料。1999—2019 年涨幅超过 5 倍的股票数量见图 1-3。

图 1-3　1999—2019 年涨幅超 5 倍的股票数量

这 20 年里，国际政治经济并没有岁月静好，总是一波未平一波又起。1998 年亚洲金融危机泰铢汇率暴跌，中国香港阻击以索罗斯为代表的国际资本做空港元汇率；1999 年又现美国炸我驻南斯拉夫大使馆"黑天鹅事件";2001年我国加入世界贸易组织（WTO），制造业惊恐"狼来了";2003年"非典"事件，一时间全民恐慌;2005年上证综指跌破1000点,市场又盛传股市要"推倒重来";2008年全球金融危机;2013年7月"钱荒",股指暴跌;2015年杠杆泡沫破灭酿成股灾;等等。没有哪一年投资者是在风平浪静、欢天喜地中度过的。熊市天天折磨让人郁闷，牛市也照样闹心，各种信息让人焦虑犹疑。小时候看《西游记》，很羡慕佛教"跳出三界外，不在五行中"的境界，而在股市中投资者根本无法完全超脱。

好在股票价值投资并不需要很多专业知识，也并不需要整天关注股价的变动，投资并不是一个复杂的事情。巴菲特曾告诫投资者说："投资并不只是一个关于智商的游戏，如果你的智商超过了150，那么你可以把其中的30卖给别人，因为你并不需要过高的智商，过高的智商在某些时候会对你造成伤害。但是你需要足够的情商和判断力，因为你会听到各种不同的建议，你需要从中筛选，最终做出自己的决定。"

从2004年以来，我国的房地产市场经过多次调控，使得房地产及其相关行业存在政策风险，股价波动也很大。但是如果你买入好公司格力电器股票，每一次房地产调控，房产地板块和家电板块都会回调，价格下跌。市场的逻辑是因为房地产销售下降，故而对电器的需求也会降低，事实也确实如此。但是从长周期来看，空调的普及和市场需求不断增长，推动格力电器业绩持续增长，如果持有格力电器一直不动的话，2004—2019年，格力电器至少上涨了70倍。

所以，一个简单有效的投资方法就是，寻找有好生意的好公司，在出现好价格时买入并长期持有，做到长期持有"三好公司"。对普通投资者来说，投资并不复杂，选优质公司不要在漆黑的夜晚找星星，而是要在十五的夜晚找月亮。比如说，白酒谁最好？空调行业谁是老大？银行谁服务最好？房地产公司谁规模大、经营稳健、投资回报好？等等。如果答案像月亮那样明确，就可以纳入投资备选，如果感觉答案像星星一样看花了眼，那就最好回避。如果是短期看不清的事情，就要想长期会怎么样，做长期有效的事，打长期会赢的赌，并为短期不确定性做好预案。如果有一定的投资知识，再回归常识，用长远的眼光、更高的格局应对短期波动，就能做到气定神闲、快乐投资。

第二章

好公司

约翰·梅纳德·凯恩斯——

股市中大多数人所考虑的,并不是对所投资企业的整个生命周期做长期的收益回报预测,而是抢在公众之前预测到估价基础可能发生的变化。

第二章 好公司

买股票就是买公司,公司有的优秀也有的平庸,投资的本质就是以企业拥有者的身份分享企业成长的价值。由于不同的公司带来的价值积累不同,所以投资的第一要务就是寻找相对稳定、高质量发展的好公司。怎么判断这家公司好不好呢?一个简单的办法就是,假定你买了这家公司后,公司就退市了,你是否还愿意长期继续持有这家公司股份?如果愿意,那就是好公司。

怎样才能找到好公司呢?有条件的可以直接进入上市公司调研,也可以在市场中通过优质产品发现公司,还可以通过阅读公司财报等方法。对于大多数普通投资者来说,有条件直接走进上市公司调研固然不错,但通过了解公司产品和阅读公司财报,利用经济常识长期跟踪研究一家公司的效果会更好。

由于工作关系,本人去过不少上市公司,也和券商、基金公司等研究人员探讨过直接调研的价值。实际上,即使前期做了大量准备工作,比如,调查了产品的竞争力、市场前景、竞争对手以及上下游产业链关系等,也只能收获一些直观感性认识,诸如观察企业工厂车间的繁忙程度、食品企业的卫生间和垃圾场所的卫生状况、员工的食宿安排及精神风貌等，但这些对于企业估值可能还远远不够。对调研者而言，除了直接感受外，更多有价值的信息还是来自长期跟踪公司相关财报。

记得2015年，我曾跟随上海证券交易所"走进上市公司"活动组，去辽宁省的一家特种钢上市公司调研。一般来说，交易所组织调研所选的公司在当地的业绩和形象都是不错的，这家公司历史上也在国内同行中创造过很多第一，主要产品有民品也有军用品。参观生产车间时，时而可见钢花飞溅、热浪滚滚，一片繁忙景象。与投资者交流时，高管问答也坦诚自信，大家印象都不错。对午餐的安排公司也是热情满满，工作自助餐品种丰富，部分高管还挨桌敬酒，虽然当地民风热情好客，但毕竟花的是股东的钱。没想到一年后，该公司主要高管就被调查。由于经营出现较大问题，2017年沙钢集团出资收购并成为该公司实控人。当沙钢入驻该公司盘点资产时，发现该公司资产严重账实不符，于是公司停牌重新核查。直到2019年7月，证监会公布调查结果：2010—2016年、2017年1—9月，该公司连续8年财务数据存在虚假记载，累计虚增利润19.02亿元。

这个结果是当初我调研时绝对没有想到的，因为当初去这家公司研究过该公司的财报，调研过程中观感也还不错，并未发现异常。相信不少投资者也有类似的经历，调研并不能解决问题，甚至还可能被误导，所以国外也有一些知名基金和投资者从不去上市公司调研。

由于投资人无法亲历企业成长的方方面面，更无法判断市场的不可知因素，个体认知的局限和市场的变化形成矛盾。正因为如此，一定要怀谦卑之心，通过基本面分析研究公司"可预期、可展望、可想象"的关键变量，认清企业的核心品质，从而做出好的选择。

　　分析公司品质好坏有很多方法，有人擅长用会计和统计的定量方法，也有人喜欢研究公司创始人的人格魅力和管理特色，通过定性分析得出结论。高瓴资本创始人张磊有一个重要理念，投资就是投人，什么人干什么事儿，但普通投资者甚至很难接触到董事长，更别提识人了。用财务标准是相对较好的一个方法，但必须提醒的是，公司千差万别，不能生搬硬套。尤其是公司估值，它是价值投资的核心难题。如果投资是一门艺术，对公司的估值就是投资艺术中的"战斗机"。公司估值的难度不亚于丈母娘选女婿，既要看外貌举止谈吐，也要看学历身价和发展潜力，但未来是否能出人头地可能还得靠一点运气，千挑万选保不准还是会看走眼。

定量分析

　　对上市公司的定量分析主要以企业的财务报表为主要数据来源，进行加工整理从而得出对公司经营的判断。各种定量分析指标就像十字路口的监控摄像头，监控行进中的各种车辆行人，但每个财务指标都有优缺点，就像摄像头只能从一个角度观察街景，要想了解整体和真实面貌还需要综合判断。定量分析指标有很多，每个人的研究方法和偏好也不尽相同，但至少要做到四看：一看净资产收益率；二看主营产品毛利率；三看市盈率；四看股息率。

一看净资产收益率

看一家企业质量首先要看净资产收益率（ROE），净资产收益水平反映的是一个公司的赢利能力，就像长跑运动员的心脏，能力越强成绩就会越好。净资产收益率＝税后利润÷所有者权益，净资产收益率越高，反映出公司赢利能力越强。在杜邦公式中，由于净资产收益率与销售净利率、资产周转率和杠杆比率有关，其中任何一项指标的变化都会影响结果。如果想要提高可靠性，寻找最优秀的公司，甚至需要看这家企业过去5年乃至10年以来的净资产收益率。

也许有投资者会说，我是来投资的又不是来当会计的。还好现在公司的年报、季报都有各种归纳的数据，不懂会计原理的人，只需拿来使用即可。除了少数特殊周期股和科技股外，一般而言，优秀企业的年净资产收益率不应该低于15%，而且持续时间越长越好。投资收益的来源，要么是拿到手的股息分红，要么是净资产增长持续回报。所以如果是一个好公司，初始起点低没关系，但净资产收益率一定要高。如果不高则反映了该公司赢利能力不强。沪深交易所也有规定,如果上市公司申请定向增发再融资,那么最近3年平均净资产收益率不能低于6%。这是公司赢利能力的底线,如果连6%都达不到还要融资的话,会导致社会资源低效配置。

A股有一些长期大牛股,如格力电器、美的集团、海康威视、伊利股份、贵州茅台等的净资产收益率长期保持在20%以上。巴菲特选择投资标的时也偏爱这一指标,可口可乐公司、苹果公司等的净资产收益率有时会达到30%以上。

净资产收益率指标最好是看5年均值,最低也应该看3年均值,是不是平均净资产收益率都在15%以上。同时还要关注净资产收益率的三个关键指标——净利率、财务杠杆、资产周转率是否合理。比如,财务杠杆偏高可以提高净资产收益率,但也意味着企业的经营风险较高,2018年前后,A股很多爆雷巨亏公司就和负债过高有关系。

净资产收益率指标介于10%～15%之间的公司也可以纳入关注范围,只要指标趋势是逐步向上的,如果从基本面可以找到强有力的逻辑做支撑,也能说明企业发展逐步向好。

涪陵榨菜的净资产收益率指标自2010年上市以来长期介于10%～14%之间。2016年,涪陵榨菜净资产收益率升至17.56%,说明涪陵榨菜的产品提价策略见效,基本面有了质的改善。2017年,其净资产收益率就超过20%,达到了23.76%,二级市场的股价连续上扬就反映了基本面的这一变化。涪陵榨菜净资产收益率（2014—2018年）见图2-1。

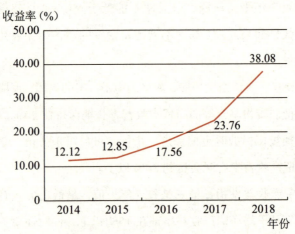

图2-1 涪陵榨菜净资产收益率（2014—2018年）

爱尔眼科10年涨13倍

爱尔眼科是创业板10年来的一只大牛股。2019年10月30日是爱尔眼科在创业板上市10周年，爱尔眼科大股东还宣布了一个特别增股消息，就是自2013年8月15日或之前起至2019年8月发布通知时，凡连续持有600股或以上爱尔眼科股票的个人投资者，将获赠100股爱尔眼科股票收益券。获赠者可在以后每年的10月30日提出兑换要求，两位创始人股东将按照当日收盘价支付100股股票等值的现金，若获赠之后发生股票转赠、红股及累积的现金分红，则累积计算。按2019年8月15日爱尔眼科收盘价31.65元计算，100股收益券相当于3165元。

爱尔眼科 2009 年 10 月 30 日上市，10 年时间营业收入从上市前的 6 亿元增长到 80 多亿元，利润从 9000 万元增长到 10 亿多元，利润增长了 11 倍，营收增长了 13 倍，年复合增长率超过 30%，股价 10 年上涨超过了 13 倍。同期的贵州茅台从 2009 年到 2019 年涨幅是 16 倍，爱尔眼科和贵州茅台相比并不差。从经营的效率来看，爱尔眼科的净资产收益率连续多年保持在 20% 以上。

对于爱尔眼科大股东自掏腰包来鼓励长期投资、回馈中小股东的行为，市场普遍叫好，但也有人说这可能是大股东的一种炒作行为或市值管理。由于中国股市投资者喜欢短炒，换手率比较高，从 2013 年到 2019 年 8 月持有不低于 600 股 6 年以上的爱尔眼科的股东不会太多，大股东想必花费不大就能吸引市场的注意，相当于免费做了一个大广告。2019 年 8 月的爱尔眼科股价有 80 多倍的市盈率，已经高速增长 10 多年，从当时成立 4 家医院发展到 300 多家眼科连锁医院，这种高速发展还能持续多久是未来的一个重要观察点。

爱尔眼科花样回馈股东也是巧打"擦边球"，A 股不少公司有类似花样分红。2018 年 11 月黄山旅游曾经发布公告，凡是黄山旅游的股东可以在指定的时间免票参观黄山旅游旗下的一个景区。还有南方食品曾给股东发黑芝麻糊，青青稞酒给股东发礼品酒，量子高科给股东发龟苓膏等。国外这种花样分红情况也很常见，有一个日本投资者桐谷先生，他持有的股票市值有 3 亿日元，但 2008 年金融危机后跌到 5000 万日元，由于他持有的公司比较多，在股市分红季，他可以从吃饭、喝咖啡、看电影到打保龄球，一整天完全使用上市公司的各种免费券，而不用花一分钱。

分红也好，宣传也罢，企业有持续高净资产收益率做支撑的发展才能给投资者带来好回报。A 股市场像爱尔眼科这种净资产收益率高，鼓励投资者长期持有的行为，有利于长期价值投资。相反，对于净资产收益率低的公司，即使短期股价上涨，但是赢利能力跟不上来，股价仍会向下回归，东方通信就是一例。

为何"妖股"东方通信股价难支撑

东方通信是 2019 年年初股市反弹最耀眼的明星，但同时也备受质疑，有人说它是名副其实的"妖股"。4 个月左右时间从最低的 3.7 元，一路涨到最高 41.88 元，涨幅超过 10 倍，令人叹为观止。

东方通信基本面情况究竟怎样呢？公司经营情况堪忧，净资产收益率 2016—2018 年连续 3 年都不到 5%，不要说公司主要业务都与 5G 关联性不大，即使有 5G 项目，以公司这么低的净资产收益率来看，赢利水平也很难大幅度改观。

公司自 2009 年起 10 年净利润合计超过 15 亿元，看上去是赚钱的，但实际上总的经营性现金流量净额却为 –5 亿元。公司还大幅依赖投资收益，理财收益占比超过净利润的 30% 甚至 50%。2018 年，靠出售子公司的股权，实现了约 4000 万元的投资收益,从而维持不亏损。同行业的市盈率为30倍,而它的静态市盈率是几百倍,远远高于同行业水平。而且东方通信分红少,长期投资回报率低,即使有游资借题材炒作,但从长期来看,可以预见股价会逐步回落到正常估值区间。

二看主营产品毛利率

如果一家企业有核心竞争力,那么毛利率一定是不低的。它的核心产品的定价能力就体现在毛利率上面。拿白酒来说(2018年部分白酒公司主营产品毛利率见图2-2),贵州茅台的毛利率超过90%,五粮液的毛利率在80%左右,顺鑫农业二锅头白酒的毛利率在50%左右,显然毛利率和公司产品的定价能力是匹配的,也符合消费者的生活感受。在不同行业,产品的毛利率差别很大,有核心产品的医药股和有核心技术产品的科技股,它们的

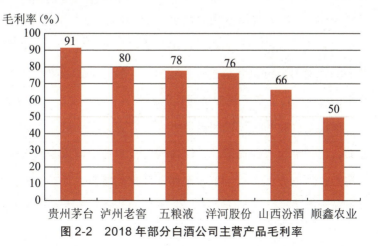

图2-2　2018年部分白酒公司主营产品毛利率

定价能力强，所以毛利率应该比较高。比如恒生电子，它做互联网信息技术，多年毛利率维持在96%左右，恒瑞医药平均毛利率在86%左右。对一般制造业企业来说，毛利率可能要偏低一些，老板电器的毛利率在50%左右，格力电器虽然每年营业收入高，但毛利率也有30%。

前面提到的被当作5G概念股爆炒的东方通信，2018年的毛利率平均只有16%，16%的毛利率对于科技股来说就比较低。所以一些公司经营范围涉及科技产品，如果其核心产品毛利率连30%都没有，其产品定价能力和含金量显然不足。

三看市盈率

市盈率是公司总市值与净利润的比率，本质上是判断公司估值高不高的一个指标。一般而言，倍数越低，投资者收回成本的时间越短。5倍市盈率意味着如果企业利润保持不变的话，5年时间就相当于赚回一个企业。对于价值投资者来说，市盈率不是万能的，但不讲市盈率是万万不能的。一般而言，如果公司的市盈率超过30倍，就需要更多实质性的有利因素来支撑公司的估值。

喜欢题材股和科技股的投资者往往有意无意回避市盈率，一方面，市盈率也存在局限，不能体现科技企业面向未来赢者通吃的特点；另一方面，由于市盈率保守谨慎的特点，让投机者在讲故事画大饼忽悠跟风者时容易露馅、现原形，如曾经的苹果概念股。

高市盈率导致苹果概念股惨跌

在渠道商启动一轮大范围降价后，苹果官方于 2019 年 1 月 14 日在中国市场也启动了促销，通过以旧换新折抵，变相调低 iPhone 新款手机售价。库克在致投资者的信中承认了苹果正面临困境，并将新一季度的营收预期由 930 亿美元下调至 840 亿美元。此举导致苹果股价大跌，市值超万亿美元的苹果累计蒸发市值 4000 亿美元。

从手机市场增量来看，2018 年，中国智能手机市场华为已经连续 10 个月增量份额排名第一，而苹果的增量份额则持续垫底，每月份额不足 10%。不仅如此，从全球市场来看，苹果在头部市场中的占比也明显下降。截至 2018 年第三季度，华为的份额从 2016 年年初的 9% 上升至 15%，而苹果的份额从 2016 年年初的 15% 下滑至 13%。

苹果股价 2019 年年初以来连续下跌有两个原因。一是最近几年苹果产品的创新能力不足，但其产品的售价却高高在上，造成销售量下滑。二是苹果和高通的官司没完没了，一方面影响苹果产品销售；另一方面，高通公司不愿意在 5G 方面和苹果进行合作，苹果被迫和英特尔进行合作。

巴菲特从 2016 年开始连续买进苹果股票，平均买进价格在 146 美元左右，2019 年年初巴菲特持仓苹果的金额在 380 亿美元左右，是伯克希尔的第一大持仓股。而苹果股价的大幅下跌让巴菲特的账面浮盈失去了 200 亿美元。巴菲特看好苹果的理由是，苹果既是科技股也是消费股，苹果产品作为消费品，是智能手机最好的品牌，即使股价下跌也只是在给他带来再买进的机会，他甚至说愿意百分之百地拥有苹果公司，当然巴菲特也看到了苹果公司有2300亿美元的现金储备，实力非常雄厚。

和苹果的股价相比，A股的苹果概念股早已经跌得惨不忍睹，2016—2018年三年平均下跌了70%左右。如金龙机电股价下跌一度超过90%，它主要经营机电、苹果产品的加工和一些配套产业，2018年三季报显示它已经亏损15亿元，这几年的平均毛利率不超过13%。所以一旦苹果的订单下降或者压价，它的赢利状况就更加堪忧。蓝思科技是创业板的一只蓝筹股，其实也是苹果概念股，给苹果代加工，2018年毛利率在20%左右，市盈率超过50倍。虽然略有盈利，但是扣掉政府补贴和一些非经常性损益，就面临亏损。从这些实例来看，对投资者来说，炒概念"傍大款"投资这事是很不靠谱的。仅从市盈率来看，到2019年年初，"大款"苹果市盈率才12.8倍，"傍大款"的概念股市盈率却超过50倍，有的还亏损，所以苹果概念股不跌才怪。虽然2019年下半年到2020年年初，在苹果公司股价上涨带动下，A股苹果概念股有所反弹，但投资者仍应警惕脱离实际的炒概念的风险。

四看股息率

股息率是股息与股票价格之间的比率，是长期投资者和价值投资者实现投资收益的重要方式之一，股息率是衡量企业是否具有投资价值的重要标准,股息率越高越吸引人。好公司一般选择现金分红,差公司囊中羞涩害怕现金分红。如果一家公司连续多年股息率超过1年期银行存款利率,那这只股票就可以放进自选股池列入观察候选名单了。

贵州茅台和乐视网分红派息情况(2014—2018年)见表2-1。贵州茅台是2001年上市,乐视网是2010年上市,我们只截取两家公司2014—2018年的分红情况做一对比。贵州茅台的分红金额逐年提高,到2018年的时候,已经达到每10股派现145.39元。

表2-1 贵州茅台和乐视网分红派息情况(2014—2018年)

年 度	贵州茅台	乐视网
2014	10送1股派43.74元	10送12股派0.46元
2015	10派61.71元	10派0.31元
2016	10派67.87元	10送10股派0.28元
2017	10派109.99元	不分配
2018	10派145.39元	不分配

贵州茅台2001年上市以来募集资金22亿元,到2019年累计现金分红就达到757亿元,投资者赚得盆满钵满,公司股价长期上涨则是基本面的必然反映。相反的例子是乐视网,从2010年上市以来现金分红很少,偶尔分红也是每股派现几毛钱,热衷于大比例的送红股。乐视网上市后通过直接融资和间接融资(包括增发新股),从股市募集资金超过69亿元,高送股、高转股使股本扩张超过30倍。但乐视网的现金分红很少,累计2.3亿元,显示公司现金紧张,乐视网最终折戟沉沙,其实从分红方式早就

能看出一些蛛丝马迹。

　　白马蓝筹股分红往往以现金分红为主，以送股为辅，而题材股和成长股往往以送股为主。这两者不同之处在于，现金分红需要真金白银，需要上市公司确实赚到钱，并且上市公司愿意回馈投资者。这和送红股或转赠股本还是有很大区别的。送红股从会计的角度来说，它不需要现金流流出，只是会计科目的一个调整。简单打个比方，就像你有一张百元大钞，10股转赠10股相当于给你两张50元，票子虽然多了1倍但股价也打了对折。

　　上市公司分红总体来说有三种情况。第一种就是现金分红派现，就是股息，可以计算股息率，现金分红是监管层提倡的一种分红方式。在欧美国家成熟股市，现金分红的比例是比较高的，也是主要的分红方式。第二种是送红股和公积金转赠股本，这种情况要关注股本扩张和公司的成长是否匹配，业绩高增长进行高送转没有问题。如果一些经营业绩下滑甚至亏损的公司也推出高送转，投资者应警惕公司未来是否有限售股解禁，或者高管和大股东减持之类计划，利用高送转题材炒作。第三种方式就是不分红也不送转。出现这种情况有两种可能，一种是企业高速发展成长很好，公司净资产收益率（ROE）比较高，大股东和公司用未分配利润扩大经营，能够给投资者带来更好的回报。巴菲特持股的伯克希尔是长期不分红的，但是它每年平均给股东带来20%左右的回报，要知道全球股市中，高净资产收益率知名大企业长期不分红的也只有一个伯克希尔。如果一个上市公司高增长期需要现金，企业内在价值也确实以较高速度增长，短期不分红也在情理之中。根据我国国内相关规定，如果企业连续3年不分红的话，会影响公司再融资的资格。另外还有一种不分红的情况，就是公司亏损或者经营业绩差，没有钱分红，投资者自然应该回避这样的公司。

用定量的方法去挑选好的公司，还有很多有用的指标，比如，市盈率加增速（PEG）、每股现金流量等。对科技股还要关注研发投入占比指标等，投资者可以根据投资心得和研究偏好增减。以下文2019年一季度公募基金持股的分析来看，机构投资者也正是以这些定量指标为基础选股的。

基金喜欢"一低三高"

选股有很多方法，其中研究借鉴基金公司持仓股和重仓股也是发现牛股的好办法，我们以2019年一季度公募基金公司的重仓股为例。2019年一季度偏股型基金取得漂亮的成绩单。一季度上证综指上涨24%，深圳成指涨幅达36%，偏股型基金的平均收益是28%左右，混合型基金的平均收益为18%左右，这是自2015年以来一季度里最好的一个成绩。

公募基金偏爱白马蓝筹股，多股屡创新高。2019年一季度，整个公募基金在股票配置上和北上资金一样，也是偏爱蓝筹股和一些消费股，持股金额在100亿元以上的有9家公司。排名前列的是中国平安、贵州茅台、招商银行、伊利股份。在制造业方面，有美的集团、格力电器等；地产方面有万科A等。其中招商银行、贵州茅台已经创出历史新高。还有一些二线蓝筹股基金配置也比较高，像五粮液、海天味业、涪陵榨菜、苏泊尔等，股价也是连创历史新高。

这些公司普遍有"一低三高"的特征，"一低"就是低市盈率；"三高"就是高股息率、高成长性、高净资产收益率。

股息率衡量市场投资价值

股息率是一个很好的指标，不仅可以用作观察个股，还可以用作观察一个市场是不是有比较好的投资价值。

市场平均股息率越高，市场相对就越有价值；市场平均股息率越低，市场的回报就越偏低。继续以贵州茅台分红为例。假如某投资者在2015年以每股200元的成本买入贵州茅台，贵州茅台2015年的分红是10派61元，股息率相当于3%左右。2016年分红是10派67元；2017年是10派109.99元；到2019年，分红是10派145元多一点。这四年加起来相当于10派385元，也就是每股贵州茅台分红达到了38.5元。当时买入价是200元，每股扣掉38.5元的话，持有成本就变成160元钱左右。随着持有成本的降低，股息却在不断增长，如果乐观预计，继续持有两三年左右的时间后，持有贵州茅台的股息率会达到10%以上。

从这个例子来看，长期投资股息率是一个很重要的参数。巴菲特20世纪80年代买可口可乐至今持有时间超过30年，因为长期高分红，持有成本基本已经相当于0。有人问巴菲特，可口可乐从2010年之后成长变慢了为什么不卖掉？巴菲特说，它经营很稳定，分红率很高，相当于在 20 世纪 80 年代基础上的股息回报每年超过 20%。从这个角度来说，一个好的企业如果股息率较高的话，长期持有成本越来越低，而回报就越来越高。

从 A 股的情况来看，2019 年 7 月，A 股股息率超过 5% 以上的有 90 多家公司，3% 以上股息率的有 300 多家，而同期一年期存款利率是 1.75%，A 股股息率高于 1.75% 的公司有 700 多家，这个数字相当可观。贵州茅台的股息率，实际上在 A 股里面并不是很突出，长江电力、福耀玻璃、双汇控股、宁沪高速等一批公司，股息率长期在 3% 之上。

通过现金分红选股，还有一个很少有人关注的角度，就是中报分红。以前企业分红多是年报一年分一次，一年分红两次的公司很少。2019 年，中报已经有近百家公司推出分红方案，其中有 20 多家公司现金分红的股息率已经超过了一年期定期存款利率。一年能够两次现金分红，并且股息率较高的话，这样的公司经营肯定不会差，现金流充足，对股东的回报意识强，从中挑选到好公司的概率更大。

中国平安自 2007 年年底在 A 股上市以来，一直保持每年两次分红，公司从 A 股市场募集资金总计 380 亿元，到 2019 年公司累计现金分红总额已超过了 1300 多亿元；中国石化从 2003 年以来每年分红两次，从市场募集资金总计 118 亿元，但这 16 年时间累计现金分红总额已经超过 3500 亿元；联发股份是江苏南通的一个纺织企业，主营业务占比较高，虽其经营也不是特别突出，但是从2010年以来一直保持连续8年每年两次现金分红。据统计，这些一年两次分红的公司股价平均涨幅远远超过同期大盘的涨幅。

根据WIND数据，截至2019年6月30日，A股上市公司2018年度分红预案总额超11 496亿元，股息率超2.4%。对投资者来说，如果发现一个市场中高股息率的股票越来越多的话，那么这个市场一定会越来越具有投资价值。

定性分析

定量分析之后，还需要利用公司定性分析来印证，以防被财务数据误导。对投资者来说，买好公司一般来说会有两种。一种是成长股，营收和利润增长比较快，但市盈率高，分红偏低。另一种是价值股，增长慢一些，但市盈率低、股息率高，企业经营稳定。不管是成长股还是价值股，最终体现的都是价值。成长股发展到一定阶段会变成价值股，比如，美股中以前成长性非常好的微软，在中国香港上市的腾讯控股，A股中的双汇发展、福耀玻璃等，都是从长期高增长逐步变成了成熟价值股。投资者在看财报的时候，有时要警惕数字陷阱，有的投资者喜欢看短期数据，看到某公司增长几倍甚至几十倍就兴奋。像这种业绩大幅增长的公司，反而说明公司经营的内外环境具有极大的不确定性，这种高增长很难持续，长期投资效果并不好。反而是连续稳定增长的公司更靠谱，特别是利润增长主要靠主营业务赢利增长的公司，才应该是投资者重点关注的。

定性分析除了分析赢利模式、"护城河"、垄断地位以外，还可以通过上市公司股票回购、大股东和高管股票增减持，以及高管行为和职业操守等诚信品质等方面来观察。

股票回购，牛股明牌

春江水暖鸭先知，那么对于上市公司来说，自家公司经营业绩如何，股价是不是便宜，是不是值得买入，大股东和高管一般最先知道。回购股票行为就是一个很好的信号。每年的年报公布季或是市场大跌之时，上市公司股份回购动作就明显增多，机敏的投资者就能从中发现牛股的踪影。

上市公司在二级市场买股票有两种方式：一是增持；二是回购。这两种方式有明显的区别，上市公司增持股票，往往增持之后，在未来一段时间，逢高还会再减持，股票最终会还回市场。而上市公司回购股票，回购之后股票会被注销或者被库存起来，注销之后上市公司股票在外流通量减少，每股的含金量就会大增。新的证券管理相关规定放松了公司回购股票限制，鼓励公司回购股票做股权激励，这好比是公司内部有条件的定向增发，既能调动管理人员的积极性，公司还能增筹资金。

比如，有一家公司总股本是 1 亿股，公司当年利润是 1 亿元，公司净资产是 10 亿元，每股净资产是 10 元。假如这个公司股价以每股 5 元在市场上交易，上市公司以每股 5 元的价格回购 5000 万股，那么回购之后的资产情况如表 2-2 所示。

表 2-2 公司回购前后的净资产对比

项 目	总股本	每股净资产	公司利润	每股收益
回购前	1 亿股	10 元	1 亿元	1 元
回购后	5000 万股	15 元	1 亿元	2 元

总股本由 1 亿股变成了 5000 万股，而净资产呢？因为以每股 5 元回购 5000 万股就是花了 2.5 亿元买了 5000 万股，这样公司总资产变成了 7.5 亿元。由于总股本也缩减至 5000 万股，那么每股净资产就达到 15 元，比以前的每股 10 元增加了 50%。在公司利润不变的情况下，由于股本大幅度减少 50% 变成 5000 万股，每股收益翻倍由 1 元变成 2 元，由此完全可以预期公司的股价会大幅度上升。

上市公司回购还有利于大股东加强对公司的控股权。如前面的例子，1 亿的总股本变成 5000 万股之后，假如上市公司的大股东在 1 亿股时的持股是 20% 的比例，那么回购注销股票之后，持股就变成 40% 的比例，控股权会大大增强。所以从公司的角度来看，与增持股票比，回购股票才是对股东的真爱。

美股长期牛市，回购功不可没

从美国市场来看，美国股市回购是比较常见的，从 2009 年到2017年这9年的统计数据来看，美股非金融类上市公司用于回购股票的资金已达3.3万亿美元。美国仅2017年大大小小的公司回购总金额已超过5000亿美元，2018年前9个月回购资金已经超过6600多亿美元。

苹果公司业绩连续多年保持两位数的增长，平均市盈率不到20倍。苹果公司2018年年初公告拿出1000亿美元来回购股票后，苹果公司股价一周涨幅超过13%，并创出历史新高。巴菲特对苹果公司此举表示肯定，他认为上市公司手持大量现金又没有好的投资项目，如果股价合适的话，用来做回购是一个不错的选择。

2018年7月，伯克希尔公司授权巴菲特在必要的时候进行股票回购，虽然伯克希尔公司当时持有2000亿美元的股票，但仍然还有1100亿美元的现金，对巴菲特回购股票的资金要求是，要保持公司运营现金流不低于200亿美元，也就是说，巴菲特大约有900亿美元可以用来回购。对于回购股价的要求是，不超过伯克希尔2018年7月股价的20%，当时伯克希尔每股股价是30万美元，只要股价不超过36万美元都可以进行回购。

美股近40年来稳健发展，美股指数平均年化收益率在10%左右，如果把美股的这10%的收益进行分解来看，6%是企业利润的增长，2%是企业回购和股息率贡献，剩下的2%是整个市场估值提升所致。打个比方，如果美股以前平均市盈率是15倍，现在估值提高到平均市盈率是16.5倍，就是估值提升了10%。

大笔回购提升中国平安内在价值

近几年，A股一些蓝筹股在股价低迷时也往往会大手笔回购。美的集团2018年拿出40亿元回购公司股票后，2019年又宣布用不超过66亿元继续回购公司股票。中国平安2019年3月宣布用不低于50亿元、不超过100亿元回购公司股票，回购股价不超过101.24元，宣布回购方案时中国平安股价还在70元附近，随着回购操作的实施，2019年8月底，中国平安每股股价已经上升到90元附近。

为什么中国平安敢进行这么大手笔回购操作呢？来看中国平安财报数据。中国平安于2007年上市，12年时间营业利润增长了十几倍，在2006年的报表中它的利润是80亿元，到2017年已经有890多亿元，2018年利润达到1047亿元，2019年中期报告利润已到达976亿元，赚钱能力的增长速度非常不错。从它对股东的回报来看，到2019年春，上市12年的中国平安从市场募集资金389亿元，股东分红25次，金额超过了1300亿元。中国平安连续多年年复合增长率保持在20%以上，市盈率只有10倍左右，显然公司认为自己的股价没有反映公司的价值，并且目前有足够的实力来做回购。

随着《公司法》修订放宽了相关回购制度，不少公司纷纷回购，大笔回购的公司往往业绩都比较优良，是一些蓝筹公司，很少有绩差公司回购股票。比如乐视网，它从最高1600亿元的市值跌到 2019 年 4 月底停牌时的 67 亿元，股价变成 1 元股，公司也没有回购股票。回购金额大、次数多的公司往往会吸引投资者的目光，但是回购并不意味着股价的安全边际完全有保障，也并不意味着股价立刻会涨。2012 年，宝钢股份宣布用 50 亿元来回购股份，以每股不高于 5 元的价格进行回购，后来以 50 亿元实施回购的平均价格是 4.26 元。但是在 2013 年股票回购实施之后，股价继续跌到 3.5 元附近，在 2014—2015 年的牛市中，股价又涨到十几元。这说明回购对公司股价有提升作用，但是并不能保证回购时一定是最低价。当一个市场出现大量公司回购的时候，往往意味着这个市场具有较高的投资价值。

贵州茅台是 A 股价值投资的"圣杯"

价值投资的基本逻辑在于，公司的市值是随着业绩的增长而不断增加的。假设股本不变的情况下，业绩持续增长，市值要跟公司发展规模匹配，只能通过股价持续上涨的方式来实现公司市值的增长。质疑价值投资的人认为市场未必总是有效，甚至怀疑内在价值的成长不会真的在价格上体现出来。易中天曾打比方说，怀才就像怀孕，时间久了谁都能看出来。价值也是一样，真价值、高价值时间久了市场也必然会识别。我们以通俗易懂的贵州茅台为例。

2019 年 5 月，2000 多名贵州茅台的投资者相聚茅台镇，参加贵州茅台股东大会，旺盛的人气在上市公司当中首屈一指。在此之前，中金公司微信公众号发布研报，预计贵州茅台等在未来10年营收和利润有望增加10倍以上，到2028年，每瓶茅台酒出厂价将涨至4000元，建议投资者未来5～10年重仓茅台。

贵州茅台为何如此受投资者追捧，逐步成为A股价值投资者的一个标杆？答案很简单，这就是其基本面价值提升的必然结果。贵州茅台上市18年股价涨了170倍，2001—2018年这18年现金分红总计超过750多亿元，和贵州茅台2001年上市20多亿元的募集资金相比，投资回报惊人。贵州茅台股价上涨170倍，背后是它的企业利润大幅度上升，2001年贵州茅台上市的时候净利润只有3.4亿元。2001年，五粮液当时还是中国最大的酒企，利润最高，当年有8亿多元的利润，贵州茅台在2003年反超五粮液。到2018年，贵州茅台利润已经达到352亿元，也就是说，18年时间其利润增长了100多倍，正是利润和内在价值的提升推动了贵州茅台股价也上涨了100多倍。

随着贵州茅台和五粮液这类知名酒企不停地攻城略地，白酒行业的集中度也在提高。2018年，白酒全行业的利润是1250亿元，贵州茅台、五粮液和洋河这三家酒企的利润加起来就接近了600亿元。这三家酒企产量加在一起大概是40万吨，2018年全国白酒的产量是800万吨，也就是说，这三家高端酒企用5%的产量就实现了全行业近50%的利润，中低端白酒和区域性酒企的竞争压力、生存压力愈加增大。白酒利润向头部企业集中，越来越多的投资者看好一些知名酒企，从贵州茅台、五粮液产品长期保持 90% 和 80% 左右的毛利率来看，质量和品牌在市场的竞争博弈中体现出内在价值。

但是对于投资者来说，价值投资者既要选好的企业，买进股票也需要一个好的价格。在人声鼎沸的时候，价格未必是便宜的或者低估的。贵州茅台 2019 年 5 月的动态市盈率已经到 25 倍，滚动市盈率 TTM 也接近 30 倍，价格并不便宜。如果从一个更长的时间来看，虽然食品饮料行业周期性弱一些，但实际上以贵州茅台为代表的白酒行业也有明显的周期。2008 年，贵州茅台的股价从 230 元跌到 84 元，跌幅近 60%，2012 年由于"白酒塑化剂事件"和"三公消费"禁令的影响，贵州茅台的股价开始下跌，一年多时间从 260 多元跌到了 2014 年年初的 118 元附近，跌幅超过 50%。随后缓慢筑底，2015 年开始恢复上涨，2016—2018 年这 3 年贵州茅台企业利润每年以超过 30% 的速度在增长，推动股价新一轮的上涨，但这样的连续高增长能持续多久，也存在一定的不确定性。

唯一可以确定的是，如果长期进行价值投资，贵州茅台仍是一个很好的投资标的。只是在市场情绪过热的时候，在白酒股价表现很好的时候，投资者也要保持清醒。

茅台虽好，切忌贪杯

2019 年，贵州茅台中报实现营收 394.88 亿元，同比增长 18.24%，实现净利润 199.51 亿元，同比增长 26.56%。对于贵州茅台营收和净利润都保持两位数增长，不少市场人士认为其业绩亮眼符合预期。但也有投资者指出，贵州茅台业绩增长已经明显放缓，其二季度营收同比增长12.05%，净利润同比增长20.30%，远远低于去年同期营收46%、净利润41.52%的增速。

从数据来看，贵州茅台2019年中报业绩不错，经营稳定、业绩高增长毋庸置疑，主要分歧点在于这份成绩单能否支撑贵州茅台的千元股价和万亿市值。看空贵州茅台的人认为，从贵州茅台中报来看，业绩增长明显放缓。从估值来看，贵州茅台现在已经不便宜了，市盈率超过30倍。贵州茅台是A股市场第五大市值的股票，市值前三名的中国工商银行、中国建设银行和中国农业银行只有6倍多的市盈率，第四名中国平安是12倍。贵州茅台虽然每天赚1亿多元的利润，但是招商银行每天赚2亿元的利润，总市值才8800多亿元。从产品销售和赢利模式来看，贵州茅台产量增长慢，更多的是涨价预期。东阿阿胶走的也是产品提价、经销商加大库存的模式，一旦提价跟不上，可能会出现库存积压和销售打折，东阿阿胶2019年中报业绩下滑、股价跳水已是前车之鉴，贵州茅台提价还能够持续多久？这是投资者最为担心的。

看多贵州茅台的人认为，贵州茅台的产品独一无二、供不应求，毛利率在90%左右，市场远未饱和。很多优秀的企业从长期看也许不到100年就不存在了，但百年之后贵州茅台存在一定是个大概率的事件。从价值投资的角度来说，长期确定的、可预期的标的是一个比较好的投资标的。

贵州茅台估值争议背后是市场投资风格偏好分歧。以贵州茅台为代表的大消费蓝筹持续上涨受市场追捧，从2016年以来，以核心资产为主的蓝筹核心板块有三四年的连续上涨，估值的吸引力在下降，好股没那么便宜了。同时，其他一些非核心资产股票经过股价大幅度下跌，股价很便宜，但又不是那么很靠谱。未来的市场是以蓝筹核心资产继续缓慢上涨来推动，还是从非核心资产的股票里挖掘出一些新的领涨板块，市场还不明朗。

A股市场能够给贵州茅台较高的估值，另外也衬托出A股科技股的寂寞。对标美国股市，纳斯达克前五名的股票是微软、亚马逊、苹果、谷歌和脸书（Facebook），2019年5月，前三名公司市值基本上在万亿美元左右，后两位市值在8000亿美元左右，成长性也非常好，是科技大蓝筹。但是A股从上证50指数来看，2000亿元以上市值的个股只有恒瑞医药算得上是科技创新股票。

贵州茅台万亿市值和千元以上的股价毕竟也打开了A股个股的想象空间，随着2019年7月科创板正式开市，市场对科技股的关注度将越来越高，假以时日，如果A股的科技股也走出几家万亿市值的公司，贵州茅台万亿市值的争议就会小很多。

大股东和高管大笔减持

除了回购外，重要股东和高管的大笔增减持对公司估值会有很大影响，公司大股东或者高管对股票的增减持往往体现了他们对公司未来的预期。大笔增持一般来说是认为公司股价可能被低估，或者是由于股价维稳的需要，短期会利好股价，长期还要看其他因素。上市公司增持，往往低位买进之后，可能在适当的时机会把筹码再还给市场，高位套现。相比而言，增持不如回购对公司影响更积极。

大股东或者高管的减持分两类：一类是合法合规合理地进行减持，企业正常经营发展；另一类是大股东或者高管出现清仓式减持或是大笔减持，同时伴有企业经营效益下滑，或企业前景不明、净资产收益率比较低、现金流负增长等一系列不理想的财务数据，对这样的公司要引起警惕。

用题材拉高股价，然后高管和股东减持的案例屡见不鲜。2018年5月15日晚，常山药业披露全资子公司获得药品GMP证书的公告，称公司枸橼酸西地那非片剂（俗称"伟哥"）可以正式投产并上市销售，据统计该产品适应症的国内患者人数约1.4亿人，潜在市场规模有望达到百亿元级别。受此消息刺激，常山药业股票5月16日和17日分别上涨10%和9.6%。但巧合的是，包括该公司实际控制人高树华在内的一众高管在17日掐点减持，套现超过1亿元，时间点正是减持计划时间到期前。

常山药业事件让不少投资者认清了题材股本质。从公告上来看，常山药业的公告明显误导投资者，公告称这个新药适用于中国的患者大概有1.4亿人。按中国14亿人口男性占一半来计算，就是7亿人，除了儿童和老人以外，1.4亿人就意味着成人中每4

个人就有一个是患者。公告还称如果30%的人定期用药接受治疗，就有4200万人，从而预测这个市场规模可达百亿元。这显然不符合市场常识，以白云山为例，白云山有一个同类型的药叫作金戈，它上市已有3年，销量每年有30%～40%的增长，到2017年的销售额才5亿多元。以白云山的规模和营销实力尚且如此，常山药业说其产品市场能够达到上百亿规模，显然是严重不实。

查阅常山药业在2017年10月28日发过的公告，该公告称15个交易日之后起6个月内高管将减持股份，由此推算高管减持的最后期限是在2018年5月20日左右。然而就在减持期限到期前的最后几天，2018年5月15日，常山药业发布公告，16日、17日常山药业股票两个涨停，17日高管减持"胜利大逃亡"，常山药业多名高管公告前后集体抛点减持超过1亿元，在减持的最后期限精准离开。整个过程信披违规且涉嫌内幕交易，性质恶劣。

好在监管层反应很迅速，在2018年5月15日常山药业发布公告之后，16日深交所就发出问询函，追问公告中数字的来源和依据，5月17日常山药业发高管减持公告后，18日深交所已经启动信披违规处理的相关程序，到5月21日，证监会启动立案调查。

信披违规内幕交易屡禁不止主要有两个原因。一个是处罚力度太轻。根据《证券法》的相关规定，对于信披违规上市公司最多罚30万～60万元，对于涉案人员的追责处罚是3万～30万元。以常山药业为例，其两个涨停板后减持1.07亿元，因为公告对市场的误导，高管从而多获利一两千万元，罚没金额只有30万～60万元，显然只是小菜一碟。违规减持屡禁不止的另一个原因就是对受害者赔得太少。A股赔偿制度的设计让中小投资者追偿难度大，A股市场散户占比高，散户可能持有三五百股或几千股，金额不大，如果利益受损，也很难有起诉上市公司的动力。这方面欧美市场往往采用集体诉讼制度，如果有机构投资者起诉违规的上市公司，索赔成功后，其他的中小投资者都可以参照这个比例进行索赔，这样中小投资者在维权方面便利很多，让不法上市公司违规成本大幅提高。

产业资本举牌

根据《证券法》的规定，股东增持公司股份比例超过5%就应公告，这也就是二级市场常说的举牌。在一般情况下，举牌是资本市场配置资源的一种手段。如果市场上出现多家公司连续举牌，实际上是向市场发出的一个信号：大家注意，优质股票很便宜，产业资本要抄底了！

A股出现的第一个举牌案例是1993年深圳深宝安举牌延中实业，宝安集团通过二级市场购买延中实业股票达19.8%的比例，相关公司股价都出现暴涨，开辟了中国证券市场收购兼并的先河。在2005年股权分置改革之前，大部分公司的大股东持股是不能流通的，当时只有4个股票延中实业、爱使股份、申华实业和飞乐音响是股份全流通,被称"三无板块四小天鹅"。2005年后,随着股改推行市场全流通,产业资本和金融资本举牌逐渐成为市场的一个风向标。特别是2015—2017年期间,宝能集团举牌万科掀起"宝万之争",随后恒大地产许家印加入举牌战局,万科的股权争夺战成为当时市场关注的焦点。由此事件引发,监管层随后出台多项关于险资投资股市的规定。

对于举牌,尤其是产业资本举牌,我们应该关注什么呢?一般看两个方面:一是经营层面,收购对双方产业链价值的整合;二是如果长期财务投资者举牌,主要看其举牌的时机和成本。

以格力电器举牌海立股份为例。因为海立股份的压缩机市场份额一直是行业的前三名,格力电器是它的客户,和它也是上下游关系。格力电器看重海立股份在上海的技术、信息和人才优势,想打造一个国际平台重整上下游价值链。从举牌的时机和成本来分析,格力电器2017年9月首次举牌海立股份,第二次举牌的买进时间是在2018年的4—6月份,这两个时机正好是市场出现调整和低迷的时期,价格比较合算。格力电器用10亿元买了8800万股海立股份,平均成本在12元左右。

宝能举牌万科的时机也是选择在股价下跌时期。2015年7月A股发生暴跌,宝能举牌万科。当时也是因为出现股灾,然后股价大幅下跌,宝能顺势大量买进万科股票。一是成本比较低廉;二是因为宝能本身也是做房地产的,对万科的价格和价值评估比较精准。所以"宝万股权大战"宝能方先后投入440多亿元,账面浮盈至少200多亿元，可以说虽然股权方面没有达到预期，宝能在产业资本的资产配置上也是一个比较成功的案例。

二级市场投资者对公司举牌比较欢迎，举牌能够提振市场信心，对被举牌企业的股价有一定的正面作用，无论是投资者还是投机者都有套利机会。但从长期来看，股价的表现还要看公司基本面和整个市场情况，毕竟影响市场的因素非常之多。产业资本举牌是跟还是不跟，要看它举牌的时机成本和自己的投资策略。产业资本一般是长期投资，短期的波动是亏是赚，甚至有所回调也无所谓，更应看重产业链的整合价值。但不管怎样，产业资本频繁举牌，也是在给公司价值发出一个积极信号。

公司异常行为

对上市公司而言，合理利用会计规则，依照法律法规优化财务报表无可厚非，但是如果出现年末突击进行大额利润调整，就要引起关注。对部分上市公司年末突击进行利润调整的行为，要刨根问底了解情况。这些突击调整财报利润的行为，很容易掩盖上市公司的真实经营情况，甚至给投资者造成误导。对于警觉的投资者来说，年末突击调整利润的行为属于公司不打自招的风险自我暴露，比如，与关联公司大额交易，买卖子公司股权达到扩大业绩的目的等。对这类公司不仅要看企业财报，还要关注财报的经营指标与实际情况是否一致。

电广传媒两亿元卖画露蹊跷

每到年终岁末,便是一些上市公司财报利润调整进行时。2018年12月电广传媒发公告称,其子公司湖南有线集团将徐悲鸿的《愚公移山》布面油画以2.088亿元出售给湖南广播电视台,属于关联交易。上市公司卖房、卖股权,这次是公司卖画,并且这画还一卖就是两亿多元。不仅投资者关注,深交所也向电广传媒下发问询函,要求其对该交易的必要性,以及徐悲鸿《愚公移山》画作半年之内价格上升的合理性等问题进行解释。

为什么电广传媒卖画引起了市场的关注呢?其中的蹊跷之处有三点。

一是业绩不够卖画来凑。从电广传媒3年的财务报表来看,2016年其经营利润已经下滑12%,到2017年利润已经亏损4亿多元,而2018年的前三季度则是亏损1亿多元。如果连亏两年的话,根据交易所的规定,上市公司就可能被ST。而电广传媒这次卖画,扣掉成本,正好有1亿多元的利润,可以覆盖全年的亏损。从2006年以来,电广传媒在艺术品方面进行了大量的投资,从2018年半年报来看,它有接近170幅字画,价值9亿多元。也就是说,如果需要的话,它还可以继续卖字画。

二是市场拍卖没成交,关联方出手。深交所下发问询函称关注到公司在2018年上半年字画曾因低于1.9亿元的最低起拍价而流拍,半年后它竟然能够以2.088亿元的价格卖出,不是卖给独立的第三方，而是卖给自己的关联方。

三是折价买股权、溢价卖字画。在高价卖画的同时，电广传媒又低价买进子公司达晨财智的部分股权，电广传媒以前持有达晨财智35%的股权，这次用7500多万元增持20%，持股比例达到55%，这样就能够合并进电广传媒的财务报表了。从2018年前三季度来看，达晨财智的营业收入是2亿多元，利润有1.8亿多元。市场的疑问是，达晨财智的净资产市场价格大约值10亿多元，20%的股权成交价格应该在2亿元左右，为什么电广传媒能用7500万元的低价买进？

毕竟电广传媒公司卖画行为算不上违法，属于公司财务的优化。上市以来市场形象良好、业绩也不错的电广传媒，为什么会出现年末突击卖画行为呢？如果对广电行业上下游产业进行梳理就能发现，主要原因有两个：其一，近几年有线电视网络增长乏力，利润大幅度下滑影响业绩；其二，2014年年底以来，电广传媒试图转型，在新媒体和创投方面加大投资力度，一年时间投资了30多亿元买了7家公司的股权。收购之后由于多数公司业绩不及预期，产生了11亿多元的商誉。另外还有一些长期股权投资不达标，也需要减值。2016—2018年，它的业绩不停下滑。2018年第三季度，电广传媒激进收购的商誉还有8亿多元尚待摊销。

虽然后来由于舆论压力，电广传媒没有卖画，但是对机敏的投资者来说，可以借此管窥公司和行业的前景。

学习巴神好榜样

时间对一个人的改变可以有多大？比如，坚持原则的巴菲特，一向不买科技股，2016年以后却一路把苹果公司买到了伯克希尔投资组合的最大仓位。不买科技股的巴菲特一再增持苹果股票意味着什么？

有人说是巴菲特变了，他对价值股的理解，比如说对科技股，对苹果这种老牌公司的观念在进化。2018年苹果公司18倍市盈率、1万亿美元市值，但苹果公司还有2500多亿美元的现金，2018年上半年苹果公司还宣布拿出1000亿美元来回购公司股票，就相当于总市值的10%要回购掉，现金流充沛是巴菲特喜欢的股票的重要特征。对普通投资者来说，发现一个好公司并不难，难的是长期持有它。对巴菲特来说，理念并没改变，好公司、好价格绝对要长期持有。

市场关注巴菲特还有一个原因是，美股牛市已经持续10年了，10年牛市中美股平均涨了4倍多。在高位的美股指数会不会有风险，很多股票像苹果、亚马逊或者是谷歌都屡创新高，但市场中有不少投资者很纠结，因为美股静态市盈率偏高，美股2018年中期三大指数平均市盈率在24～25倍，而A股同期市盈率是16倍左右，沪深300指数只有11倍市盈率。所以美股还能涨多久，市场非常关心，这个时候巴菲特的选择就有一定的风向标意义。巴菲特总持仓量没有变化，主要是减持富国银行，增持了苹果公司。虽然巴菲特认为买苹果公司是把它当作消费品公司,并没有把它当作科技股看待,但是这仍然间接认同了10年来美国以重要核心科技公司领衔牛市的这一主线。

虽然巴菲特增持了苹果,但是巴菲特在伯克希尔投资方面持有的现金这一块也屡创新高,到2018年中期持有1100多亿美元现金。伯克希尔总计持有的股票是2000亿美元左右,加上1100多亿美元的现金,总体来看,巴菲特是六成多的仓位,从仓位来看,他对市场风险有所警惕。

当然巴菲特也不是头一次现金流这么高。从巴菲特这二三十年的投资经历来看,他有两三次是现金流比较高的。在1998—1999年美国纳斯达克很红火,科技网络股掀起热潮的时候,他的现金流比较高。随后纳斯达克在2000年年初发生了科技网络股泡沫破灭,给了巴菲特一个大肆抄底的机会。2005—2007年,巴菲特可控的现金流又比较高,随后出现了2008年亚洲金融危机,股市债市暴跌,抄底买便宜货的时候到处可见巴菲特活跃的身影,他买高盛、买花旗银行,都赚得盆满钵满。

美科技明星股屡创新高。从2018年中报的业绩情况来看,FAANG5家明星股归母净利润同比都有所增长。FAANG是美国市场上五大最受欢迎和表现最佳的科技股的首字母缩写,即社交网络巨头脸书(Facebook)、苹果(Apple)、在线零售巨头亚马逊(Amazon)、流媒体视频服务巨头奈飞(Netflix)和谷歌母公司Alphabet。华尔街将这些公司分为一个缩写词,以捕捉这些公司对市场的集体影响。2018 年 3 月 20 日，这 5 家公司的市值总计已超过 3 万亿美元。业绩优自然股价好，从 2018 年中报业绩情况来看，上述 5 家明星股归母净利润同比都有所增长。亚马逊和奈飞公司归母净利润同比增长超过 100%，脸书（Facebook）和谷歌的母公司 Alphabet 同比增长 40% 左右。苹果公司中报归母净利润增幅约为 17%。从 2019 年这 5 家公司的数据来看，业绩仍能维持偏高速成长，可见卓越的核心业务增长才是股价稳步提升的根基。

对于苹果公司，巴菲特持有时间已经超过 3 年多了，这期间也出现过 iPhone7 和 iPhone8 市场销售不尽如人意、受到市场质疑的情况。但在股价回调的时候巴菲特坚定地继续加仓，并没有抛售股票。这和他 1988 年投资可口可乐类似，虽然可口可乐多次出现争议或者是战略发展方向失误，巴菲特不离不弃一直坚定持有。

核心资产大旗还能举多久

2019 年以来，一批被冠以核心资产的股票表现抢眼，截至 9 月底，恒瑞医药上涨 80%，上海机场、海天味业、中国平安上涨超 60%，贵州茅台涨 100%，五粮液更是上涨超 170%。所谓的核心资产股，是指具备资产价值、盈利价值、增长价值这三类价值的行业龙头股，这些股票牛熊皆宜，进可攻，退可守，业绩增长能够穿越牛熊市。

核心资产股票被投资者认同也是市场的选择。2016年以来，宏观经济下行压力增大，A股市场扩容加快，市场走出全面牛市的可能性不大，只能是以结构性行情和局部行情为主，而白马蓝筹核心资产股以其低估值、高增长逐渐得到市场资金的认可，股价也出现持续稳健增长。和以前不同的是，以前资金抱团炒概念股，上涨取得的收益多数来自估值扩张，比如，把平均市盈率从20倍炒到40倍。但由于企业缺乏较好的赢利增长支撑，当抱团资金解散时，个股往往也会出现较大幅度下跌，估值被压缩，又从40倍市盈率跌回20倍，因此从长线投资结果看收益并不突出。而这次资金抱团上涨的核心资产股，即使以5年周期、10年周期、15年周期来看，也均是A股历史上表现最优异的一批股票。

核心资产股票增长快、确定性高，外资接盘积极。虽然2019年领涨个股估值已经有所扩张，部分个股估值看起来也较高，但整体上并未出现大幅高估，与国际可比公司整体估值基本相当。根据测算，A股核心资产行业龙头公司2019年市场预期业绩增长约23%，国际上可比公司的业绩增长约15%。A股核心资产股受益于中国庞大的内需市场，业绩增长速度较快。从中报业绩及后续的经营情况跟踪来看，这批领涨的核心资产个股大部分基本面依然稳健，未来并不缺乏增量资金接盘。2019年，沪深港通北向资金净流入超1500亿元，也在一定程度上为这批外资相对看好的股票提供了支持，未来国际指数投资体系会继续提高A股纳入比例，从而进一步带来潜在的接盘资金。

核心资产股票还能火多久？在宏观经济增速下行、消费结构升级的背景下，行业整合、龙头聚焦是产业发展的必然走向。消费类核心资产的关键在于提升存量市场的市场占有率和竞争优势，比如，海天味业主营调味品是酱油，酱油并不稀缺，国内消费量相对稳定，生产企业众多，消费者不会因为酱油质量好就多吃，所以要想进一步提高业绩就得提高市场占有率，抢占别人的市场份额，这就需要具有产品竞争优势和渠道竞争优势等。与消费股不同的是，科技类核心资产的关键在于能否确立增量市场中的竞争优势。比如华为和中兴通讯，推出5G手机新产品，竞争优势体现在能够占有多少增量部分份额。

A股的核心资产龙头公司，只要能顺应消费升级与产业升级趋势，估值合理，持续提升市场份额和竞争优势，就值得持续看好。

什么是"护城河"

寻找好公司，有了定量和定性的分析方法后，还要判断其经营的产品和服务是不是一门好生意，需要关注公司是否拥有宽阔的"护城河"。《巴菲特的护城河》一书将企业"护城河"归纳为四种，即无形资产、客户转换成本、成本优势以及网络优势。具体到微观层面，只要企业具备某种独一无二的竞争优势，竞争对手难以学习复制，这种竞争优势就可以理解为"护城河"。

优秀的商业模式需要有真正的"护城河",很多企业所谓的"护城河",随着时间推移经不起市场考验,在新环境和新入侵者大量资金的攻势下土崩瓦解。比如,乐视网构建的七大生态系统,事实证明只是一个庞氏骗局的概念。而贵州茅台酒厂独特的地理位置和酿造文化就是产品的"护城河",云南白药、片仔癀的独特药材和专利配方竞争对手就难以侵入。

但是真正具有贵州茅台或云南白药那样天然独特"护城河"的企业实在太少,随着时代的发展,创新的经营模式和科技研发都能形成公司的"护城河"。企业的护城河战略,发展成为用最高效的方式和最低的成本,长期为股东创造最大价值。腾讯公司的"护城河"就是绑在微信和QQ上的亿万用户;海底捞的"护城河"就是独特的服务,是来源于成功的内部合伙人机制让员工对客户露出发自内心的笑容;海螺水泥的"护城河"是长期高质量发展建立的低成本规模优势,从而让企业从行业中脱颖而出。

第三章

好行业

沃伦·巴菲特——

不能仅凭过去看未来,否则图书管理员都是大富翁了。

所谓寻找好行业，无非是考量公司发展的外部环境，特别是所处行业竞争的环境是否有很大的发展及改善空间。如巴菲特所言，投资就像滚雪球，不仅要有很厚的雪，还要有很长的坡道。行业就像山坡上的雪道，有的行业能长久并且稳定性好，如医药、食品饮料。有的行业随着时间不断发展变化，或被淘汰或被改造重生，比如纸媒报纸和杂志的生存环境已经发生革命性变化，印数和传阅率大幅下降，不得不向融媒体方向求生存。寻找好行业的另一层意思在于，不仅要山坡很长很好，还要有一定门槛，减少新加入者，让已在赛道上的企业专享丰厚利润。

不同行业机会不同，同一行业不同的企业机会也不同。白酒股在市场中的惊艳表现让很多人印象深刻。中国人饮用白酒的悠久历史让这一赛道通畅无阻，饮酒品质的提升和文化沉淀，使得老牌名酒逐渐形成竞争优势，进入门槛的提高让新品牌生存艰难。老牌白酒贵州茅台、五粮液、泸州老窖等公司多年保持很高的利润率，而利润的提升进一步提高了行业进入门槛，加固了业已形成的"护城河"。

同一行业不同的发展阶段产生的机会也不相同，以乳业上市公司为例，国内乳企竞争格局大体形成，伊利、蒙牛为第一梯队，年销售额在 700 亿元以上，光明乳业、君乐宝、新乳业、三元股份为第二梯队，年销售额在 50 亿～300 亿元，其他如天润乳业、燕塘乳业、科迪乳业等为第三梯队。从总量来看，欧美发达国家人均年饮奶量在 130 公斤以上，而国内人均年饮奶量为 40 公斤左右，还有很大的上升空间。随着牛奶产品需求量的上升，对牛奶的品质和产品方向也提出了新要求：一是对北纬 40°黄金奶源带原产地奶的需求提高；二是对低温巴氏杀菌鲜奶和低温酸奶的需求量增加。乳业赛道很长、机会很大，是行业继续维持目前发展的梯队格局，还是有乳企黑马逆势超越重构竞争格局？这是投资者研究这一行业的主要关注点。

银行股是 A 股"压舱石"

金融是市场经济的核心，不论股市是涨是跌，市场是牛是熊，A 股的投资者首先应该关注银行板块。不仅是因为 A 股的银行板块市值最大，占整个市场的 20% 左右，如果再加上券商和保险信托等非银金融，市值占 A 股总市值的 30% 左右，股价起伏对市场影响举足轻重。一般来说，银行股中蓝筹股多，长期持有收益可观。在香港，汇丰控股因收益稳定、分红派息丰厚，被称为香港大妈们养老投资的"金母鸡"。普通投资者往往感觉银行股不怎么涨,盘子大,股性呆滞,如果认识一直停留在这个层面,说明对投资本质的认识还停留在表面。从A股早期的深圳发展银行到后来的招商银行等,银行板块长期表现不俗。股神巴菲特也非常偏爱银行股,在他近20年的投资持仓结构中,银行和其他金融股市值占比一直维持在50%左右。

如果用一个词概括A股银行板块的话,只有两个字——"便宜"。2019年5月1日A股银行板块与国外主要银行指标对比见表3-1。

表3-1 2019年5月1日A股银行板块与国外主要银行指标对比

	市盈率	市净率	股息率(%)	净资产收益率(%)
A股银行	7	0.9	4	13
富国银行	11	1.1	2.8	12
美国银行	11	1.1	2.8	12
汇丰控股	11	1.1	5	12

从市盈率来看,截至2019年5月1日,A股银行股平均市盈率不到7倍。这是什么概念呢?简单地说就是投钱买银行股,如果银行把每年的盈利都分给股东的话,投资者7年就能够收回成本。而同期美股中的富国银行、美国银行,以及我国香港市场中汇丰控股的市盈率在11倍左右,远远高于A股银行股平均市盈率。

从市净率角度来看,市净率就是股价和净资产的比值。截至2019年5月1日,A股上市的32家银行股中,有16家跌破净资产,板块市净率0.9倍,相当于整个银行板块在打九折卖。美国银行、富国银行和我国香港汇丰控股同期市净率是 1.1 倍。

从股息率来看，A 股银行股分红股息率非常高，根据 2014 年到 2018 年这 5 年的分红数据，银行板块平均股息率在 4% 左右，工农中建交五大行股息率在 5% 左右。而同期 1 年期定期存款的利率在 1.75% 左右，5 年期的存款利率是 2.75% 左右，A 股银行的股息率远超 1 年期和 5 年期的存款利率。所以有投资者说，"存银行不如买银行"。相比而言，富国银行、美国银行平均股息率只有 2.8% 左右，汇丰控股股息率高一些，平均 5% 左右。

从净资产收益率来看，A 股市值超过 1000 亿元的几家规模较大的银行，2018 年净资产收益率都超过 10%，最高的招商银行已经接近 15%，2015—2018 年这四年，由于经济周期和宏观去杠杆等原因，2018 年银行板块平均净资产收益率还算是这几年中最低的年份，但仍然超过了 10%，国内银行股的平均赢利水平远高于其他行业。汇丰控股和富国银行、美国银行的净资产收益率大致在 12% 左右，要知道富国银行、美国银行多年来一直居巴菲特持仓金额的前四名。

认知偏差压低了银行估值

银行股长期低估值可能和投资者的悲观预期有关。市场普遍认为经济增速下行、银行的呆坏账比较多，如债务核销问题，房地产过热引发泡沫问题，钢铁、煤炭、有色等一些强周期行业负债率过高问题。实际上，2016年以来在宏观经济去产能、去库存、去杠杆供给侧改革推进之后，螺纹钢、动力煤等主要品种供求关系发生了巨大变化，价格上涨导致行业业绩大幅好转，行业负债率已经大幅度下降，回到均值附近。

悲观预期还包括担心地方融资平台的隐性风险影响银行业绩，这种观点认为地方债务平台负债较多、缺乏透明，很多公用事业和基础设施建设项目周期长、回报低，很容易形成呆坏账。但任何事情都有两面，根据中国银行业协会发布的数字，截至2018年5月，中国银行业总资产是240万亿元，同比增长7.1%，银行拨备覆盖率已经达到183%。《巴塞尔协议Ⅲ》要求银行资本充足率不低于8%，一级资本充足率不低于6%。资本充足率是一个银行的资本总额与其风险加权资产的比率，是保证银行等金融机构正常运营和发展所必需的资本比率，目的是监测银行抵御风险的能力。我国的银行资本充足率是13%，一级资本充足率是10%，同时120%的坏账拨备也高于国际同行标准。我国银行业核心指标与国际标准对比（2018年5月）见表3-2。

表3-2 我国银行业核心指标与国际标准对比（2018年5月）

	资本充足率（%）	一级资本充足率（%）
《巴塞尔协议Ⅲ》	≥8	≥6
我国银行业	13	10

另一个压低银行板块估值的因素是A股投资者的交易偏好。

银行股市值大、波动小、股性不活，板块贝塔系数平均只有0.88倍，也就是说，银行股的波动幅度相当于大盘指数的0.88倍，这让炒短线的资金感觉差价难做。但是从外资在A股的选股风格来看，MSCI国家指数纳入A股，市值大是一个重要的标准，入选MSCI国家指数的A股投资标的平均市值都不低于200亿元，银行股市值大、流动性好，反而更安全、靠谱。

　　市场往往就是这样，偏见会逐步强化，市场对银行股的集体认知偏差导致银行股长期处在低估值区间。终于在2019年9月24日，市场发生了一个标志性事件，贵州茅台的总市值当天达到1.48万亿元，超过了工商银行，成为A股总市值"一哥"。这既反映了市场对高端白酒股的痴迷追捧，也可能是一种风险警醒。从两个公司财报来看，贵州茅台2018年净利润是350多亿元，市盈率37倍，工商银行2018年的净利润是3000亿元，市盈率5倍多。同样是1.5万亿左右这样的总市值，工商银行的净利润是贵州茅台的8倍多。也就是说，假如有人用1.5万亿元买下工商银行，持有5年时间其利润就有1.5万亿元，可以收回成本。假如用1.5万亿元买下贵州茅台，由于市场普遍认为贵州茅台未来增长速度比较高，即使按连续每年20%的利润增速，收回投资成本至少也需要13年以上，而且还存在增速不达预期的风险。从上述数据对比可以看出，如果贵州茅台的总市值是合理的话，显然工商银行的总市值明显被低估。

银行股长期投资收益跑赢大盘指数

银行股是不是真的收益不高，跑不过大盘指数呢？统计出来的真实数据和投资者的感觉并不一致，结果甚至出人意料。假如某投资者在2007年11月上证综指最高6100点时买进指数基金，那么到2019年4月15日收益如何呢？如果是买上证综指的话，持有11年亏损50%；如果买的是沪深300指数，收益为亏损30%；如果是买银行股指数，持有11年不仅解套，而且还扭亏为盈。

股神巴菲特是稳健价值投资者，长期以来对银行股情有独钟。2018年5月的伯克希尔投资组合中，巴菲特的前10大重仓股里面有4家是银行股，富国银行以278亿美元排在巴菲特持仓的第二名。本来富国银行是巴菲特第一大重仓股，2018年被苹果公司取代。美国银行以200亿美元市值在巴菲特的持仓中排名第四，另外还有纽约银行等。仅前十大重仓股里面的银行股市值就超过570亿美元，占巴菲特1800亿美元持仓总额的1/3，巴菲特还重仓高盛、美国运通、摩根大通等券商、投行、保险等金融股。

我国银行业与欧美银行相比，经营更加稳定，除了资产收益率和投行业务相对弱一些外，工、农、中、建、交等大银行还有国家信用背书，系统性、经营性风险实际上更低。银行存款准备金率下行，有利于银行板块业绩的提升。随着金融业对外开放的扩大，MSCI国家指数将A股纳入的比例不断提高，开通沪伦通，养老基金和其他长线资金加大对银行股的配置,无疑对银行板块形成长期利好。

蓝筹股与科技股未来谁更强

2019年随着科创板的推出,市场逐步形成科技股和蓝筹消费股两大投资方向。相比蓝筹股的稳定回报,科技股股性更活跃,很多人会问,科技股和蓝筹股长期来看,谁会跑得更快、收益更好?其实两者并无好坏,属于投资风格偏好不同而已。科技股像矛,蓝筹股像盾,科技股往往高收益、高风险,适合高风险偏好型投资者;蓝筹股经营稳定、偏防守,适合风险厌恶型投资者。巴菲特偏爱蓝筹股多一点,稳健投资注重确定性,虽然苹果公司已成为他第一大持仓股,但他并不是把苹果公司当成科技股,而是看作一家消费品公司。

科创板就是以科技股和创业型的企业上市为主,是创业板的升级版。由此可以选择沪深300指标股代表蓝筹股,由于科创板时间短,科技股则选取创业板100指标股做一个10年涨幅对比。沪深300指标股以金融、地产等周期性行业为主,银行、非银和食品饮料占比较高。创业板100指标股以医药生物、计算机等非周期行业为主,医药生物、计算机、电子和传媒占比较高。

2018年12月31日沪深300指数与创业板100指数比较结果

见表 3-3。

表 3-3　2018 年 12 月 31 日沪深 300 指数与创业板 100 指数比较

	2010—2018 年涨幅（%）	指标股平均市值（亿元）	市盈率
沪深 300	8	980	10.25
创业板 100	30	180	28.00

2010—2018 年，创业板 100 指数实际涨幅接近 30%，沪深 300 指数的涨幅超过 8%，创业板 100 指数超沪深 300 指数两成。成长性比较好的科技企业，更有可能跑赢大盘。但是创业板的科技股市值较小、估值偏高，2018 年沪深 300 指标股平均市值 980 亿元，远高于创业板 100 指标股平均市值 180 亿元。从估值的角度来看，创业板 100 指数市盈率 28 倍，沪深 300 指数市盈率仅有 10.25 倍，不过两者的估值都接近各自的历史低位区间。

对科创板投资难度会大于创业板。科创板试点注册制，从核准制转向形式审查，由于对上市企业的盈利增加了包容性，一些微利甚至是亏损企业，只要营业收入达到一定规模就可以上市。在退市方面，截至 2019 年 5 月，A 股有超过 3600 多家公司，真正退市的只有 60 多家。而实行注册制的美国股市，从 1980 年到 2018 年年底上市 2 万多家公司，退市的公司达到了 14 000 多家，占比接近 70%。实行注册制的科创板未来平均的退市率将会大幅提高，加上企业盈利的不确定性，对投资者而言，科创板风险明显高于主板。

《哪吒》爆红，影视业能踩上风火轮吗

电影《哪吒之魔童降世》2019年7月上映后不到一个月，票房就超过40亿元，很多投资者又把目光瞄向了连续几年低迷的影视股。从2015年沪指的5178点到2019年7月的3000点附近，上证指数跌了40%，影视传媒指数从3700点跌到900多点，跌幅超过70%。打开影视股的K线图，最直观的感受就是"飞流直下三千尺"，股价跌幅巨大。

国产电影这些年并没有虚度年华，进步很快。2017年，国产电影《战狼2》票房达到56.8亿元，刷新国产电影票房新纪录的同时，吹起了国产电影向大片进攻的号角。2017年，中国内地电影票房超过500亿元，其中国产电影票房200亿元，占四成。2018年全年票房超过600亿元，其中国产电影票房378亿元，份额上升到六成，增速非常快。

但是买了传媒板块个股的投资者却笑不出来，华谊兄弟2015年最高点是32元附近，到2019年7月已跌破5元；唐德影视股价也曾达到过40元，2019年7月已经跌到6元左右；万达电影2015年最高92元，2019年7月跌到15元附近。在票房这样好的情况下，为什么传媒的股价还在下跌呢？从短期看主要有两个原因：一是A股整个市场本身就处于调整周期中；二是管理部门对上市公司并购进行规范，影视行业外延式扩张受阻，营收增速下降降低了投资者的预期。

将影视板块两个市值较大、业务相近的光线传媒和华谊兄弟进行对比来看,华谊兄弟2015年最高市值达到过890亿元,到2018年年底只剩131亿元,跌去85%。光线传媒略好一点,最高的时候是565亿元的市值,2018年年底跌到220亿元,跌去60%,光线传媒的市值反超华谊兄弟。华谊兄弟与光线传媒2015—2018年市值表现见表3-4。

表 3-4 华谊兄弟与光线传媒2015—2018年市值表现

	2015年最高市值 (亿元)	2018年年底市值 (亿元)	跌幅 (%)
华谊兄弟	890	131	85
光线传媒	565	220	60

为什么会出现这种现象呢?分析这两家公司的发展和增长模式就会发现:第一,华谊兄弟做电影是大投入、高制作,所以业绩不是很稳定,但光线传媒投入小,成本控制得好;第二,在收购投资参股公司方面,华谊兄弟基本上是资本运作,低吸高抛减持套现,光线传媒减持很克制,基本上是长线投资;第三,华谊兄弟试图多元化发展,比如高价绑定艺人,参股投资房地产,光线传媒主要是产业上下游整合,收购猫眼电影,把电影的线上和线下打通,起到"1+1>2"的作用。两家公司相比,光线传媒发展得相对稳健。

影视传媒股的主要风险在于商誉摊销压力和业绩波动大,特别是如果有一个项目出现意外风险,就会影响公司的全年业绩,如果产品不及预期可能连投资都收不回来。影视股还会受艺人行为影响，明星吸毒、行为不端或其他意外事件，甚至连影片能否公映都会不确定，类似案例并不在少数。2018年，相关部门对影视公司和明星偷税漏税进行治理，对明星虚高出场费、劳务费限薪，遏制了国内明星片酬价格虚高顽疾，有助于规范行业秩序，利好行业龙头股发展。

同样是影视公司，美股的迪士尼公司，从2009年十几美元的股价涨到2019年8月的147美元，市值达2200多亿美元，折合人民币约15 000亿元，每年的营收约合人民币4000亿元左右，市盈率只有16倍。迪士尼公司的产品线也非常丰富，有迪士尼影视公司、21世纪福克斯影业公司、漫威电影、皮克斯动画，还有迪士尼乐园等。迪士尼的原创版权收入，像唐老鸭、米老鼠等经典视频和相关文创产品收入源源不断，并且不用付酬劳。迪士尼公司旗下的漫威公司以动漫制作见长，代表作有《蜘蛛侠》《钢铁侠》《美国队长》等，形成不断延伸的产品线，每年都有新品推出，从而让经营稳定、利润持久。

巴菲特买过迪士尼公司之后，对其他影视股20年都没有碰过。他对于影视股的选择，有一个要求，就是要寻找有产品和服务特许权的公司：一是产品的美誉度和消费期待非常好；二是在细分领域没有竞争对手；三是公司对成本和价格可以控制。

国内当一个影视产品或概念火爆之后，影星和主要演职人员的身价就扶摇直上，但上市公司并没有赚多少钱。对比迪士尼，有人调侃说，迪士尼的影视作品非常火爆，文创产品也热卖，但你从未听说过唐老鸭和米老鼠要求增加工资。

中国人口基数大，在影视传媒领域的需求非常强劲，行业仍处在爆发前期。但是如果想获得好的投资回报就需要成熟稳定的赢利模式，这方面国内影视公司还需要进一步提高。一个相反的例子就是美国的航空运输业，一百年前绝对属于高大上的朝阳行业，但对参与航空业的投资者来说，其投资回报却惨不忍睹。巴菲特曾说，作为乘客他非常感谢莱特兄弟发明了飞机，但如果替后来的航空公司投资人着想，应该把莱特兄弟当时驾驶的飞机打下来。

房地产板块估值低、负债高

2019年年初，发改委公布《2019年新型城镇化建设重点任务》，城区常住人口100万～300万的Ⅱ型大城市要全面取消落户限制；城区常住人口300万～500万的Ⅰ型大城市要全面放开放宽落户条件，并全面取消重点群体落户限制。超大特大城市要调整完善积分落户政策，大幅增加落户规模。户籍政策调整、城镇化率提高对房地产市场的影响非常大，这引发了市场对房地产板块价值重估机会的猜想。

为什么房地产行业的风吹草动总会引起市场关注呢？因为房

地产行业在中国国民经济中的权重非常大。以 2017 年为例,当年全国的 GDP 是 82 万亿元,其中房地产销售额就达到了 13 万亿元,占比超过 15%,这还不算房地产行业拉动上下游相关产业的数字。2016 年以来,房地产板块有几个明显特征。

一是估值处在周期低位。A 股房地产板块有 130 多家企业,平均市盈率保持在 11 倍左右。

二是房地产板块平均资产负债率为 80% 左右,属于高负债。2018 年房地产板块平均资产负债率在 80% 左右,新城控股、绿地控股、泰禾集团都是 86% 以上的资产负债率,就连以稳健经营著称的万科,其资产负债率也在 80% 左右。房地产以 80% 的资产负债率,排在 A 股所有行业之首,高于钢铁、煤炭和有色金属等这种传统的重资产型行业。2013—2017 年这 5 年平均资产负债率超过 90% 的房企有两家,分别是鲁商置业和京粮 B。平均资产负债率在 85% 到 90% 的有 5 家:天津松江、京投发展、中南建设、云南城投和泰禾集团。平均资产负债率在 80%~85% 的有 16 家。房地产业是拿着他人的钱用杠杆来赚钱,现金流能维持正常运转就没问题,但如果融资渠道收紧,现金都跟不上,就会有巨大的风险。

房地产机会在头部公司

市场占有率靠前的龙头股将会强者恒强。2018 年,碧桂园销售额超过7000亿元，中国恒大和万科销售额都超过6000亿元，年销售额超过1000亿元的公司有32家。前十名房企的市场集中度已达27%，前50名房企的市场集中度超过55%。同时大型房地产公司的销售还保持着两位数以上的增长，这让房地产板块的龙头股估值吸引力大幅度增加。

2016—2018年全国101个城市平均土地溢价率见图3-1。

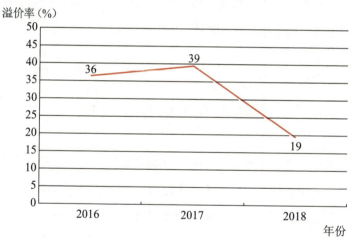

图3-1　2016—2018年全国101个城市平均土地溢价率

从全国101个城市土地溢价率数据来看，2016年的土地溢价率是36%，2017年是39%，2018年下降到19%。地价是房价的风向标，土地价格的回落表明市场正在回归理性。

土地市场降温，融资收紧，房地产IPO和定向增发已经停止，房地产发债和海外融资成本上升，大股东股权质押融资也在收紧。

例如，对单个股票股权质押比例不能超过50%，单个股票的最高融资上限是60%。种种迹象预示，房地产高举高打、快速扩张的时代渐行渐远，行业分化时代已经到来。

10年前媒体谈得最多的可能是煤老板，5年前关注的是房地产大佬，2018年以后市场关注最多的是科技创新，是腾讯、阿里巴巴、华为、小米、京东，这就是产业的变化和市场的变化。房地产会逐渐回归正常行业，按其自然属性发展。行业的集中度会越来越高，机会将出现在强者恒强的几家头部公司上。

戴维斯双击偏爱券商股

每逢牛市，券商股就会成为市场的宠儿，有经验的老股民都清楚：牛市不知道买啥，那就买券商！逻辑很简单，券商行业直接服务于资本市场，它的业绩最能直接感受市场冷暖。券商业务一般有四大板块：第一是经纪业务，如交易的佣金和手续费；第二是投行业务，主要是新股承销和一些定向增发等项目；第三是资金服务，如融资融券和一些资管方面的业务；第四是自营业务，就是券商自己的投资业务。这四个业务都无法回避资本市场的牛熊周期，所以牛市的时候券商板块会远远跑赢大盘。

从A股的历史来看，牛市中券商股往往表现惊艳。2005—2007年大牛市期间，中信证券从4元起一直涨到159元，涨幅近

40倍。2014年11—12月，受益于牛市升温预期，一个多月的时间里，券商板块就集体涨幅翻倍。但每到熊市来临，券商这四大板块的业务就会受影响，券商业绩就会大幅度下跌甚至亏损，股价跌幅也远超大盘指数。

强周期的券商行业有一个最大特点，就是容易遇到戴维斯双击，取得翻倍收益。戴维斯双击就是以低市盈率买入业绩成长潜力股，等到这只股票成长潜力显现和市盈率变高时卖出，就可以尽享成长和市盈率同时增长的乘数效益。而反过来，当市场处于熊市时，投资者经常会面对上市公司业绩增长放缓和估值水平下降的双重打击，这就是所谓的戴维斯双杀。以券商行业为例，当市场步入熊市后，券商股价会大幅下跌，股价下跌，成交量就会减少，券商的业绩就会受累下滑，业绩下滑也就导致券商股价再进一步下跌，这样就形成向下的戴维斯双杀。而一旦市场回暖，券商股价上涨，市场成交活跃，券商的业绩就会大幅改观，业绩提升就会推动股价再次上涨，如此循环就形成戴维斯双击。所以券商板块上涨会比大盘涨得多，下跌也会比大盘跌得多，它是观察市场强弱的风向标。

截至2019年5月1日，整个券商行业有106家公司，其中A股上市有42家。上市券商中市值超过1000亿元的只有6家：中信证券、国泰君安、中信建投、华泰证券、申万宏源和海通证券，其他券商市值大部分集中在200亿～500亿元，并没有特别显著的差异。

跑马圈地，资源向头部券商集中

国内券商的收入主要来源于传统经纪业务，财富管理方面才刚刚起步，而美国高盛公司市值超过 800 亿美元，业务领域广泛，规模和赢利能力可观。A 股券商行业在 2018 年放开了外资持股比例上限之后，外资投资可以超过 51% 的上限直接控股。国内的民营企业和产业资本也开始介入券商行业，特别是互联网巨头纷纷布局券商股，在腾讯持有中金公司 5% 的股份之后，阿里巴巴也买下了中金公司 4.84% 的股份，成为其第三大股东。此前阿里巴巴还获配华泰证券非公开发行的股票 2.68 亿股，是华泰证券的第五大股东，券商行业与互联网公司加速融合。

相反地，一些产业资本却从中小券商撤离，持股中原证券 15.7% 的第二大股东发公告称在解禁之后要全部减持，持股华西证券 5% 以上的股东蜀电投资发公告称在解禁之后也要减持。资本的一进一出，也反映了对券商板块分化前景的态度。

券商作为强周期行业，过往的投资经验是，行情低迷、券商业绩很差、估值很高的时候或是买入良机，当业绩连续高速增长、市盈率偏低、市场一片大好的时候，反而要考虑是否到了增长的极限。一般而言，行业头部券商享有更多机会和估值溢价。具体来看，中金公司、中信建投和中信证券已经显示出努力摆脱对传统经纪业务的依赖，转向财富管理新模式；华泰证券、东方财富证券则是通过互联网入口新增流量，向互联网券商发展；东方财富证券还在数据服务、投入基金服务等方面加大投入，券商行业未来的竞争优势会逐渐向行业龙头股集中。

5G真来了，咬定核心，警惕炒概念

2019年6月，工业和信息化部发放5G商用牌照，我国正式进入5G商用元年，5G也再次成为市场最热门的板块之一。2019年上半年，5G概念指数上涨近30%。

虽然5G概念股市场非常热，但实际上5G的投入周期很长，第一个阶段是从基站建设到基本设施建设周期，2019—2021年，至少需要3年的时间进行大规模建设，至于场景的应用就需要更长的时间。投资者都很关注5G，但是真正能通俗地把5G说得很清楚也不容易，这里简单把5G板块分成三类。

第一类是芯片，从国际上看主要是高通、华为和三星；第二类是基站设备和传输设备，主要公司是华为、诺基亚、爱立信、西门子等公司；第三类是终端应用和服务，主要是手机终端，像华为、小米、中兴通讯等和一些其他方面的重要应用。从应用的角度来看，可能消费者更容易理解，在2G时代的应用代表是手机彩铃，3G应用的代表主要是微信和微博，4G应用的场景进一步发展，有高德地图、共享单车还有抖音视频等。5G的应用就是万物互联，应用场景更大，但是哪些公司有机会，一切还在不确定之中。

A股市场5G板块的炒作也风起云涌，但主要是蹭热点、炒概念。这个板块里面超过一半的公司市值都不到50亿元，研发投入和营收规模都很低，很多公司还在亏损，基本上是和5G有那么一点关系，有的甚至关系都不大，东方通信3个月涨了4倍，公司多次发公告称和5G根本没有什么关系。很多公司是借5G题材炒作，所以投资者还要看清楚。

5G未来十年蛋糕非常大，有超过20万亿元的产值，但是5G的门槛也非常高。以华为为例，华为的竞争优势让人非常赞赏，2018年的营收超过7000亿元，研发投入超过1000亿元，研发占比超过14%。A股相关板块的研发投入，中兴通讯是最高的，2018年超过100亿元，5G板块其他公司的研发投入超过10亿元的公司还不到10家。另外从规模上来看，市值超过200亿元以上的公司并不多。

整体来看，A股的5G概念板块规模还不够大，营业收入还比较小，研发投入还不够多。在这样的情况下，只有能够持续投入研发、有核心技术并且市值比较大的公司，未来的机会才可能相对乐观一些。

医药股看广告还是看疗效

有人说，成功的药企是 99% 的研发加 1% 的广告，可惜国内很多药企正好相反。随着医疗保健需求的提升和人口老龄化社会的到来，作为大消费行业重要部分的医药板块涌现出很多大牛股。像片仔癀、云南白药等企业一直以来涨幅都超过 50 倍，恒瑞医药涨幅更是超过 100 倍。但医药股风险也很大，往往越是新锐的医药股波动越大。此前曝出疫苗生产记录造假的长生生物不仅股价暴跌，而且因危害公共安全被直接退市。莎普爱思因为滴眼液疗效问题造成股价大跌，2018 年公司业绩也由以前的绩优变成亏损。基因检测龙头华大基因，自上市以来，该如何对其进行估值也一直争议不断。

虽然生活中每个人都和医药医疗打交道，但是由于医疗行业极其复杂，每一个细分领域隔行如隔山，专业人士都不敢轻易下结论，投资者也往往只能先从投资常识和行业常识做初步判断，再请教专业人员帮助识别。如果分析这些年医药股的市场情况和企业基本面，还是能比较容易发现，像长生生物和莎普爱思这类企业，都存在某些同样的特征。

其一，业绩爆发持续时间短，经过市场检验的时间不够长，因为某个单一产品或专利而让业绩大幅度提高，产品储备数量单薄。

其二，这些企业往往更重视营销而不是研发，特别是销售费用占营业收入比例较高的药企容易出现"黑天鹅"事件。

医药行业的一个重要特点就是研发高投入、高风险和长周期。根据美国相关资料显示，美国的医药行业研发投入是其他行业的4倍多，医药研发的失败率很高。新药研发从形成合成药到实验再到最后上市，在美国平均需要12年，这期间需要大量资金投入。

A股一些知名医药股在二级市场的表现也有类似特点。云南白药1993年上市，但股价进入明显上升通道是1999年，在二级市场经过投资者调研和检验超过6年。复星医药1998年上市，2006年以后价值逐步被市场认可，股价出现大幅上涨。片仔癀2003年上市，在2009年之后投资价值才被挖掘出来并形成独立上涨的行情。好的医药产品不仅要经受实验和临床阶段的考验，也要经历二级市场万千中小股东的反复辨识。长生生物上市产品曾被质疑，最终没有坚持到5年就被曝出大问题。千万不要小看这个过程，上市医药企业只有经过患者和投资者的长期考验后，才可能是价值投资者较为安全的投资标的。

和整个A股市场比，医药板块存在高市盈率、高毛利率、高成长的特征，医药板块由于成长性好，平均市盈率是A股整体市盈率的2倍左右。很多药企的产品毛利率都超过50%以上，有的甚至超过90%。A股200多家上市医药企业中，3年平均净资产收益率超过15%的企业超过20家，这些个股赢利能力较强。

2017年，我国在医疗健康方面的消费额占GDP的比例是6%，在德国和日本等发达国家的GDP占比是12%左右，美国更是高达

17%。按我国 2018 年的 GDP 总额 90 万亿元计算，如果医疗健康的 GDP 占比从 6% 增长到 10%，就会增加 3.6 万亿元市场销售，数字惊人。2017 年部分国家医疗健康消费数据与 GDP 比较见图 3-2。

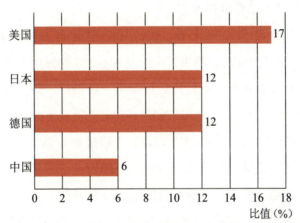

图 3-2　2017 年部分国家医疗健康消费数据与 GDP 比较

医药市场虽然前景广阔，但是对于医药股的选择，因为行业的专业性和复杂性，对投资者挑战极大，有核心产品、有较高研发投入并且有品牌美誉度的龙头公司，长期投资才相对安全。

行业降杠杆，周期股受益

实施供给侧改革的一个重要任务就是要将地方政府和国有企业的债务杠杆降下来。根据财政部数据，2017 年，全国地方政府债务余额超 16 万亿元，国企资产负债率为 65.7%，相比上一年下降了 0.4 个百分点，到 2020 年相关主体的负债率还要进一步降 2 个百分点。供给侧改革"三去一降一补"提出降杠杆，对 A 股一些周期性行业影响较大。

从企业经营层面来看，2017 年，国有企业的负债率是 65.7%，还是比较高，相当于一个企业有 2/3 的资产是借来的。在 A 股所有行业中，高杠杆的行业第一是银行，第二是非银金融，因为是玩资金的，所以它们的平均资产负债率在 90% 以上。然后是房地产行业，杠杆率比较高，平均在 80% 以上，绿地控股 2018 年三季报资产负债率是 88%，到 2019 年三季报，仍然维持在 88% 的负债率。保利地产也接近 80% 的负债率。当然房地产行业还是在一个偏景气或者说收益比较高的行业，高负债有一定的合理性。但是一旦遇到景气下行周期，高负债极有可能带来资金断裂的风险。A 股负债比较高的行业还有电力行业，平均资产负债率超过 70%。煤炭和钢铁业超过 60%，煤炭和钢铁业的资产负债率已经出现明显下降。

随着供给侧改革降杠杆，给一些行业和上市公司也带来投资机会。煤炭行业 2017 年的上市公司年报中，超过 20 家公司平均利润增长 200% 以上。在钢铁行业同期的年报里，有不少企业利润增长超过 100%。这些公司业绩大幅好转，显然是和 2015 年以来去产能、去库存、去杠杆有关。钢铁和煤炭行业的市盈率平均都降到 15 倍以下，资产的吸引力大幅度增加。

未来继续降杠杆主要从三个方面进行。一是兼并重组，优势行业龙头企业收购兼并那些弱小的高负债企业；二是通过债转股或者卖掉一些资产，从而逐渐降低企业负债；三是淘汰落后产能，增加先进产能，通过提升效率来降低杠杆。这三种方式都会给行业龙头企业带来估值溢价，像煤炭行业的中国神华资产负债率只有30%；钢铁行业的宝钢股份资产负债率基本保持在50%左右；水泥行业的龙头企业海螺水泥，规模产量大，资产负债率多年低于30%。这些龙头公司比行业里的中小公司更能抵御周期影响，给投资者带来稳定回报。

没有夕阳的行业，只有夕阳的企业。在市场投资者对科创股和大消费股趋之若鹜的时候，逆向投资者可以在周期行业和周期股中，寻找到受益于改革并处在价值洼地的投资标的。

巴菲特投资可口可乐的启示

国际饮料巨头可口可乐与百事可乐两家公司公布的2017年年报显示，营收及净利润等业绩指标全线下滑。可口可乐2017年全年营业收入354亿美元，同比下跌15%；净利润75亿美元，同比下跌13%。百事可乐的业绩同样不乐观，2017年实现净利润48.6亿美元，同比下跌23%。国际饮料巨头业绩也出现巨大波动，这对A股市场追捧的"吃药喝酒"行业无疑泼了一盆凉水。

可口可乐和百事可乐的业绩下滑虽然出乎市场意料，但也在情理之中。虽然食品饮料行业周期性没那么强，但不管是什么样的行业，它其实都是有周期的。可口可乐公司的成长史就是一部伟大企业的成长史。1988年以来，巴菲特大量买入可口可乐股票后，它一直是巴菲特的重仓股，2018年巴菲特持有可口可乐的总市值是180亿美元，位居前五大重仓股。巴菲特持有可口可乐的30年时间里，也经历过两轮大的周期。第一个周期是在20世纪90年代中期，可口可乐因为增长乏力出现业务多元化倾向，折腾三四年之后效果并不好，被迫又回到专攻主营业务，最后艰难渡过难关。第二个周期是在2008年后，因为食品饮料行业出现了大健康概念，碳酸饮料受到市场质疑，销售增长缓慢，从2012年以来处于长期徘徊状态。2016年，其亚洲的销售收入是52亿美元，占整个可口可乐420亿美元销售额的1/8，中国国内市场也出现了两三年的连续下滑。

巴菲特长期持有可口可乐股票主要有两个原因。

第一是业绩稳定，分红回报高。巴菲特在1988年买入可口可乐的时候，其市盈率一直到现在的这30年平均维持在15倍左右，股息率2%左右，并且有小幅增长，特别是可口可乐的净资产收益率（ROE）基本维持在30%左右，非常可观。虽然可口可乐2%的股息率并不是特别高，但巴菲特认为这30年可口可乐的股价上涨超过10倍，别人现在买入可口可乐的股息率是2%，而他自己30年前买进的成本非常低，折算到现在的股息率是20%。这类似于高股息的债券，一般很难找到。

公司分红很重要，不仅可以覆盖长期持有成本，对投资者来说，更重要的是检测上市公司的盈利是不是真金白银，而不是账面利润。标准普尔公司曾对1970—2010年这40年的标准普尔指标股进行收益跟踪，统计出来的结果是分红的公司40年的平均收益回报是10%，不分红的公司平均收益回报只有4%，差别惊人。

巴菲特看重可口可乐的另一个原因是，它的上下游产业链关系很简单，产品容易复制。可口可乐的主要原料是水和糖浆，简单而且可控，没有什么风险，并且容易复制。可口可乐的口感在亚洲、非洲和南美洲基本上大体相似，产品复制的成本非常低，市场前景广阔。相比而言，中国的白酒就复杂多了，以贵州茅台为例，除了原料多样、讲求品质以外，还有时间方面的要求，端午踩曲，重阳下沙，多次蒸煮，而且产品还要窖藏5年以上。由于白酒适合中国人的口感与消费习惯，它向国际传播推广难度大。贵州茅台在海外长期的销售目标是国际上的销售收入达到10%左右，即使未来实现这个目标，估计大部分也是海外华人在做贡献。但是可口可乐在美国本土以外的市场占比早已超过50%，可口可乐国际化的优势十分明显。

巴菲特长期持有可口可乐，是在践行消费股要买龙头公司并长期持有的投资理念。相信中国的白酒行业经过一定时期的增长和沉淀分化，销售和利润将会越来越集中于龙头企业。

面向市场的企业才靠谱

2018年5月31日,有关部门发布新的光伏产业政策,即暂不安排2018年普通光伏电站建设并降低补贴等政策。消息传来,光伏板块上市企业股价大跌。对于失去政策利好的光伏企业,是否意味着失去了投资价值?

投资者首先要弄清楚光伏行业降低补贴的背景。回顾我国光伏产业发展的历史,可以分为两个阶段。第一阶段是从2003年左右到2013年,这期间是以2005年无锡尚德光伏企业到美国上市为标志性事件。2006年,无锡尚德创始人施振荣以22亿美元身价,成为当时中国内地的首富,由此引发了一波企业对光伏的投资热潮。但在2011年前后,随着技术更新和市场环境的变化,无锡尚德、江西赛维等一批光伏企业或破产或被兼并重组。第二阶段从2013年以后在新的产业政策的推动下,光伏产业再一次在国内蓬勃发展。反观国外光伏企业日子就没那么好过了。2017年,美国最大的光伏企业已经破产了,欧洲的几大光伏企业也或亏损或破产,由此欧美企业先后对中国的光伏产品和光伏企业发起反倾销调查。

2016年以来,我国的光伏产业快速发展,2015—2017年连续3年我国累计光伏发电装机量都位居世界首位,自2013年连续5年的新增装机量也是世界第一位。如果从财政补贴上来看,2017年国家对光伏行业的补贴是1300亿元,如果再加上对风电的补贴 700 亿元，就这两项加在一起就是 2000 亿元。由于光伏电站从建好发电到持续运营周期是 20 年，对光伏的补贴因此还需要有一定的持续性，如果长期进行补贴，那么对国家财政的压力显而易见。

从市场来看，财政补贴政策也影响了光伏行业公司股价和投资者预期。当有政策介入或者补贴提高的时候，光伏板块个股股价就纷纷上涨，当补贴减少或者扶持政策退出的时候，个股股价就会大幅度下跌。2013 年之后，以隆基股份为代表的光伏企业连续上涨，4 年股价上涨超过 5 倍，此外还有一些光伏概念股跟随上涨，这些都和补贴政策有关。

不仅是光伏，A 股市场像这种补贴的行业还有不少。比如，做新能源汽车的比亚迪，2016 年比亚迪新能源汽车全球销量是 9.6 万辆，全球第一，2017 年的销量超过 2016 年，但是 2017 年比亚迪的利润却减少了 10 亿元，主要原因就是补贴减少了。此外还有一些汽车下乡、家电下乡的各种补贴，对拉动城乡居民消费起到一定的作用。类似补贴等一些产业政策早期可能对行业起步以及市场培育会有所帮助，但从长期来看，企业自身的竞争能力更为重要。

2016 年秋，经济学家林毅夫和张维迎关于产业政策到底是否有效曾进行过公开辩论，虽然双方各执其词，但这场辩论也让人们看到产业政策并不是万能的，也有它的局限性。从 A 股近 20 年的时间来看，近 20 年涨幅超过 50 倍以上的企业，像格力电器、万科、云南白药,还有五粮液、双汇发展、伊利股份等,这些企业并不是长期受益于补贴或者是政策扶持,而且通过市场打拼提高竞争能力并逐步发展壮大起来的。李克强总理曾问格力电器董事长董明珠还需要政府给予哪方面的政策,董明珠回答说格力不需要政策扶持,只需要一个公平的竞争环境就行了。企业靠扶持生存可能越扶越弱,好企业靠市场生存,越来越强。投资者在选股的时候,不要过于迷信行业扶持政策,要研究如果没有扶持政策,行业中还有哪些企业能脱颖而出。

第四章

好价格

马克·吐温——

十月，是投机股市最危险的月份之一，其他最危险的月份依次是：七月、一月、九月、四月、十一月、五月、三月、六月、十二月、八月和二月。

第四章 好价格

投资和卖菜，没有本质区别。逻辑很简单，要想以后卖得好，首先要买得便宜，只有买得便宜，才能卖得便宜。股票交易简单理解是价格博弈，好公司和好价格是投资成功的两大关键因素。如果选对好公司但买价不好，一旦股价回调不仅会影响持股心态和信心，也会耽误投资中最宝贵的时间。如果买价选得好，即使看错了公司，也有利于日后止损，降低纠错成本。

买进价格并不是要找一个绝对低点，往往是一个区间。以巴菲特买卖中国石油H股为例，巴菲特2003年前后建仓中国石油H股，成本是在每股1.3～1.8港元之间。2007年9月以后，巴菲特在中石油H股每股8港元时开始减仓，到13港元左右时清仓完毕。巴菲特卖完中石油之后，2007年11月中石油H股一度涨到每股18港元，而在巴菲特买中石油之前，2000—2003年的3年期间，中石油H股的交易价格维持在1.1～2港元区间，平均股价在1.5港元左右。如果从直观股价来看，巴菲特既没有买在最低价也没有卖在最高价，而是从股价明显低估和明显高估来判断的。投资者完全不要去猜最低和最高点在哪儿，因为那是上帝的生意，投资者不要和上帝抢生意。

　　对于股价波动，巴菲特曾有经典论述：你应当把股票看作是许多细小的商业部分，把市场的波动看作你的朋友而非敌人，利润有时来自对朋友的愚忠而非参与市场的波动。通俗讲就是别人恐惧我贪婪，在股市大跌投资者恐慌卖出的时候，往往股价会很有吸引力，这时就要敢于贪婪，敢于买进。尤其A股是新兴市场，投资者心态不稳波动很大，涨时普遍看涨，跌时又普遍看跌，经常由于情绪传染会涨过头或跌过头。典型的如2007年市场涨到5000点或者6000点的时候，很多投资者已看到8000点甚至10 000点。2007年9月，本人在上海证券交易所参加过一个《牛市一万点》的新书发布会，市场大咖们普遍情绪高涨。一年后当市场跌破2000点时，市场一片悲观恐慌，认为金融危机让经济看不到希望，多数投资人认为还会跌破1500点。在沪指跌到1664最低点的时候，市场普遍悲观认为会再跌到1000点，并且觉得市场下跌还不够充分。有人形象地总结股市点位与市场的心态如下：

　　6000点：千金难买牛回头

　　5500点：短线回调洗盘是为了更好上涨

　　5000点：长期铁底，大胆买入

　　4500点：大盘已经跌无可跌了

　　4300点：做空相当危险

　　4000点：中线建仓机会来临

3500点：目前点位不宜盲目杀跌

3000点：印花税行情，政策铁底

2500点：八成机构认为大盘已见底

2000点：永远不可能跌破

1800点：中国股市必须推倒重来

1664点：中国股市已经没有希望了

这样的情绪周期在市场周而复始，每次出现的背景各不相同，但大体结果也都似曾相识。对于好公司，如果买入价格高、缺乏安全边际的话，就会造成被动，甚至失败。即使几年后公司内生价值增长在股价上得以体现，也毕竟浪费了时间成本。别人贪婪我恐惧，别人恐惧我贪婪，有时并不能有效指导操作，主要是极度恐惧时刻也很少见，平时只是大大小小波动，恐惧和贪婪程度也很难量化，所以难以作为买卖参考。事实上，假如真的有极度恐惧的事件发生，正常人被恐惧情绪感染，反而不敢买进。

那么到底如何判断股票价格是否便宜，是不是一个好价格呢？不同的投资者理论方法各不相同。自2000年以来，A股市场大的底部区间一共出现过3次，分别是2005年6月6日的998点、2008年10月28日的1664点和2013年6月25日的1849点。这三次见底的共同特征有：第一，估值中位数处于低位；第二，股票吸引力超过或接近债券；第三，成交量严重下滑；第四，个股市值大幅萎缩；第五，低价股数量上升；第六，大规模个股破净；第七，强势股补跌。

总体来说，判断方法可以归纳为三个方面：一是从公司和行业估值来看；二是从市场特征来看；三是从市场情绪来看。三个方面互相参照对比，符合的条件越多，便宜好价格的概率越大。

别傻了！买股首先看估值

买股票便宜是硬道理，判断公司股价是否便宜，首先是看估值。主要是先从市盈率、市净率和股息率等指标做初步判断。这里将前面提到的 2000 年以来 A 股三个重要底部数据情况列出来对比一下。由于时间较长，A 股不同时期上市公司数量和规模差别很大，用平均数误差较大，这里的对比用中位数来代替。2000 年以来上证综指三次重要底部估值对比见表 4-1。从 A 股市盈率中位数和市净率中位数来看，2005 年 6 月市盈率 21.49 倍，市净率 1.73 倍；2008 年 10 月 28 日市盈率 15.94 倍，市净率 2.16 倍；2013 年 6 月 25 日市盈率 27.81 倍，市净率 2.45 倍。

表 4-1　2000 年以来上证综指三次重要底部估值对比

时　　间	点　位	市盈率中位数	市净率中位数
2005 年 6 月 6 日	998 点	21.49	1.73
2008 年 10 月 28 日	1664 点	15.94	2.16
2013 年 6 月 25 日	1849 点	27.81	2.45

市净率是公司股价和净资产的比较，如果股价跌破净资产称

为破净。破净股的数量与上市公司家数的比较用破净率来表示。破净率越高则反映市场越低迷，总体股价一般就会越便宜。

从 A 股的实践来看，破净率的走势和股票市场的顶部及底部区间大体同步。在市场运行良好、情绪乐观时，破净率往往长期低于 1%，但在市场底部区域，破净率则会急剧上升。在市场见底前后，破净率往往都同步到达阶段性高位。2005 年 8 月 1 日上证综指 1090 点附近时破净率为 19.46%，2008 年 11 月 1 日上证综指 1750 点附近时破净率为 12.94%，2013 年 7 月 1 日上证综指 1980 点附近时破净率为 6.24%，到 2018 年 11 月 1 日，全部 A 股破净率已达到 7.08%。高破净率与市场见底经常同步，见表 4-2。值得注意的是，从发展的趋势来看，随着 A 股的规模增加和股价分化，破净率将会比历史平均数据偏高。

表 4-2　高破净率与市场见底经常同步

时　　间	上证综指点位	破净率（%）
2005 年 8 月 1 日	1088 点	19.46
2008 年 11 月 3 日	1719 点	12.94
2013 年 7 月 1 日	1995 点	6.24
2018 年 11 月 1 日	2606 点	7.08

下文"估值便宜，投资者却纠结"就是 2018 年 12 月市场的当时状态。

估值便宜，投资者却纠结

2018年年底，虽然利好消息不断，外资等机构也发声看好A股，但市场仍显疲态，上证综指在2550～2700点区间徘徊两个月时间，最高仅触及2703点，还出现了沪市成交额不足900亿元，再创"熔断"以来新低水平，市场进入股市周期中的磨底阶段。股价很便宜了，但大部分投资者要么被套牢，要么在观望，鲜有抄底者。

从当时的内外环境来看，主要有三个方面不确定。一是等待财政部和国家税务总局进一步推出减税降费举措，观望降税减费力度的大小。二是中美贸易谈判。2018年2月份爆发的中美贸易摩擦是影响中国股市的一个重要外部因素。同年12月初的G20峰会上，中美元首就中美贸易的一些基本问题达成共识。三是市场在等待科创板细则推出。创业板2018年年底整体的估值是40倍市盈率左右，创业板50指数只有27倍市盈率。未来科创板上市的节奏和规模有多大，实行注册制的科创板在上市和退市方面有哪些不同，科创板的估值比创业板的是高还是低等问题，这些都影响对市场上涨空间的预期。

外部环境虽然不确定，但A股估值优势明显，安全边际增大，A股估值吸引力大大增强是确定的。2018年12月，沪深300指数平均只有10.5倍的市盈率，市场整体的股息率超过2%，沪深

300指数的股息率已经超过2.5%。对比美股,纳斯达克市盈率是40倍,股息率只有1%。标普500指数和道琼斯指数是20倍的市盈率,整体股息率是在2%左右,相比之下,A股的优势非常明显。

2018年12月,A股市值最大的前十名公司市盈率仅仅略高于历史低点。A股市值最大的公司中,工商银行、建设银行、中国石油、农业银行和中国平安市值均过万亿元。工商银行和建设银行市盈率6.4倍,历史最低估值为4.4倍。中国石油市盈率26倍,2000年以来最低市盈率10.5倍。农业银行、中国平安市盈率分别为6.1倍和11.1倍,区间最低市盈率分别为4.4倍和8.7倍。市值在5493亿~9928亿元区间的中国银行、贵州茅台、招商银行、中国石化和中国人寿,市盈率分别为5.8倍、22.8倍、9.1倍、9.9倍和23.8倍,而这5家公司2000年以来的最低估值分别为4.4倍、8.8倍、4.5倍、7.0倍和13.5倍。

2018年12月A股市值最大的前十名公司市盈率比较见图4-1。

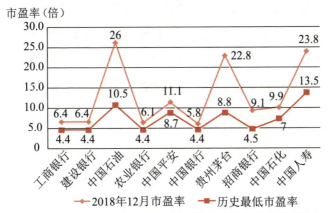

图4-1 2018年12月A股市值最大的前十名公司市盈率比较

从估值的角度看价格高低，既要看大盘整体估值，也要进行行业和个股估值的历史比较，这样就会大大提高判断估值是否便宜的准确性。

市场底部特征

人们常说，没有无缘无故的爱。股市也是一样，不会无缘无故出现某种现象。所以除了从估值的角度看整个市场和公司价格是否便宜外，还要看市场是否出现股市低位时常见的特征。

特征一：下跌后期的蓝筹股补跌

白马蓝筹股由于业绩好，成长确定性强，在熊市下跌期往往相对抗跌，但在调整的最后阶段，投资者信心低迷甚至绝望，就会出现蓝筹群体杀跌，强势股补跌是市场信心崩溃的表现，往往意味着市场"最后一跌"，阶段性底部即将到来。下文是我当时对 2018 年国庆节后白马蓝筹股杀跌走势的评论，从之后 2019 年全年的走势回顾来看，蓝筹股当时出现了绝好的买进机遇期。

暴跌之后，白马股估值诱人

2018 年国庆节后第一个交易日，沪深两市全天单边下行，上证指数下跌 3.7%，直接创了 3 个半月以来的最大单日跌幅；而深证成指和创业板指跌幅都超过了4%。暴跌之下，白马蓝筹首当其冲，上证50指数则大跌近5%。A股有个特点，熊市期间对美股是跟跌不跟涨。2018年国庆假期这一周，美国纳斯达克指数周跌幅超过3.2%，我国香港市场的恒生指数跌幅超过4%，欧洲市场普遍跌幅在2%以上，市场上也总有一些利空消息在下跌中流传，一些受市场关注的蓝筹股票，比如中国平安、海康威视、贵州茅台，这3只股票出现单股流出资金超过10亿元，流出的主要是一些陆股通的资金，引发市场对港资回流的担心。

虽然白马股遭遇暴跌，但这些股票的业绩却很亮眼。从格力电器发布的2018年三季报业绩预告看，它在前三个季度的利润和销售收入，已经基本接近2017年全年的销售额和营业利润，利润同比增长超过30%，销售收入也增长30%左右，市盈率不到9倍。同样的还有上汽集团和万科A只有8倍的市盈率，这些公司是A股市场的行业龙头，业绩稳定，市场份额领先，类似这样的股票还有很多。

估值便宜是A股当前最大的利好，A股市场银行股的市盈率在6倍左右，保险股的市盈率基本上在10倍左右。这些公司放在国际市场上与任何一个资本市场相比，都有估值优势。同时，A股在20倍市盈率下的股票已经超过1000只。低于10倍市盈率的公司有230多家，数量可观，创业板股价低于5元的公司现在又超过100家，在创业板以往的股价上，很少能看到这种现象。

白马蓝筹股经过连续下跌，从估值和财务角度来看，投资价值已经显现。虽然 A 股估值低，投资价值明显，但并不是说买入后股价就一定会立刻上涨。对于投资者来说，大跌之后的白马蓝筹股，也许正在提供一个好公司、好价格的窗口期。

特征二：市场出现破发潮

　　股市中的破发是指一家公司的股价跌破发行价。沪深股市有个特点，就是新股不败，新股上市后的几个交易日往往连续涨停，不管基本面如何，上市就炒买新股的人往往短线很容易赚到钱。炒新、炒小、炒差一直是 A 股顽疾，炒新屡试不爽与新股发行没有市场化定价有关，由于发行价受压制，一旦股票上市就会出现大涨，所以一般情况下股票很难跌破发行价格。在没有实行新股注册制发行以前，如果市场出现多股跌破发行价现象，往往意味着机会的到来。2018 年 A 股市场持续震荡下行，到 6 月底时，沪深两市合计 3530 只个股中，有 305 只个股跌破发行价，占比达 8.64%。其中，破发幅度超过 30% 的个股数量达到 116 只，占所有破发股数量的比例接近四成。而在 2016 年 1 月 27 日沪综指探底 2638 点时，沪深两市有 129 只个股出现破发，占当时两市个股总数的 4.73%。可以看出，2018 年 6 月底 A 股市场 8.64% 的破发股占比明显高于这一数值，说明市场正在进入价格便宜区间。

　　2016 年和 2018 年破发股数量对比见表 4-3。

表 4-3 2016 年和 2018 年破发股数量对比

时　　间	破发家数	占比（%）
2016 年 1 月 27 日	129	4.73
2018 年 6 月 30 日	305	8.64

分析 2018 年 6 月底出现新股破发比例高的现象，主要有三个原因。

一是市场环境发生变化，股票不再具有稀缺性。2016 年年初，股市 IPO 发行排队的公司有 870 多家，到 2018 年 6 月只有 200 多家公司在排队。股市发行的"堰塞湖"大幅度缓解，一些优质企业和符合条件的企业完全不用通过借壳上市或者一些其他方式上市，只需要直接排队就能上市，上市变成不是很难的事。这对 A 股企业的股价和估值分化起到很大影响，股价开始围绕价值重新定价，好企业就有好价格。这样的绩差企业和问题企业通过卖壳或者资产重组来拉升股价的可能性大幅度降低，从而导致绩差企业交易价值下降，估值高的企业股价破发。

二是市场结构分化，优质企业受到追捧。A 股市场规模已经超过 55 万亿元，一般增量资金进场对市场整体的影响不大，个股在市场的运行主要靠存量资金维持。存量资金尤其在市场情绪比较低迷的情况下，就会选择业绩确定性强的行业和企业，于是蓝筹股和与生活消费有关的企业更容易受关注，而小市值或者高市盈率的次新股就容易遭到市场抛弃，MSCI 等外资的入市推动了这一趋势的形成。

三是破发比例高，预示市场离底部越来越近。这次破发比例超过 8%，同时 A 股的估值也创出 5 年来新低，沪深 300 整体估值是在 11.9 倍，上证综指现在是 12.9 倍，已经低于 2016 年年初 2638 点时的位置，整个市场估值处在低位。沪深两市的成交量低于 3000 亿元，沪市只有 1200 亿元，深市 1700 亿元，也创出 2017 年以来的一个成交低量。此时无须悲观，市场低迷、破发股大量出现，正是投资者要打起精神寻找机会的时刻。

特征三：僵尸股批量出现

低迷市场中有一类股票，看起来还存在，但几乎没有人买卖，混迹于众多股票之中，看似活着但死气沉沉，这就是僵尸股。如果市场持续低迷，同时成交量也持续萎缩，股票换手率降低，僵尸股数量就会增加，僵尸股数量增加进一步印证了市场低迷，这种环境很容易让一些个股股价走低，容易出现价值投资者期待的好价格。

部分机构投资者内部有明确规定，不许买入日成交额不足某一数值的股票，这进一步让僵尸股雪上加霜。低成交量股票增多与 A 股市场的几个变化有关。

一是 A 股的机构投资者增多，外国投资者增多。根据 2018 年 7 月底的数据，外国投资者持有 A 股的市值占 A 股流通市值的比例接近 6%，位居第三。第一位公募基金的占比是 8%，第二名是保险资金占 6.7%，排在外国机构投资者资金后面的是国内阳光私募基金，占比在 3% 左右。机构占比逐渐增大，特别是外资对

A股的影响增大，外资偏爱大市值和流动性好的股票。

二是A股交易制度出现新变化，比如，停复牌制度。如2015年12月25日宝能举牌万科，万科管理层要求停牌。在香港市场上市的万科H股股票停牌时间不到两周，2016年1月6日就复牌交易了，但是万科A股却停牌6个月。在同等情况下，港股的万科H股只能停牌两周，A股却停牌半年。还有很多其他个股任性停牌，遇到不好消息或者股权问题，一停了之，这种现象在2018年开始被股票交易所清理。

A股交易制度变革还体现在新股IPO上，尤其是2016年年初市场出现"熔断"事件之后，新股加快发行而且常态化发行，使得从最高的有900多家企业排队IPO到2018年7月只有200多家公司排队。新股发行常态化打压了壳资源价格，让花样保壳重组公司的数量大幅度减少。随着监管力度逐渐加大，对欺诈发行、财报造假处罚力度加大，让符合条件该退市的公司退市。对信息披露违规的公司，如常山药业、罗牛山等，一旦出现问题，交易所问询函、关注函接二连三地就跟上来了，监管力度加大让投资者远离问题股。

三是投资理念在变化。以前A股市场喜欢炒小、炒差、炒概念，大盘股、蓝筹股和权重股不受待见，以MSCI国家指数为代表的外资进入后，市场出现蓝筹股受追捧的现象。入选MSCI国家指数投资标的的公司市值一般都在200亿元以上，流动性好，业绩稳定，一些流动性不好的股票被排斥在外。2016年以前很少有股票每天成交金额低于 1000 万元的，到 2018 年 7 月，每天接近 500 只股票的成交金额低于 1000 万元，成交金额减少则僵尸股必然增多。

投资绩优蓝筹股是大势所趋。我国香港上市的公司中有 900 多家公司股价不到 1 元甚至只有几分钱的仙股，A 股在走向成熟的过程中，应该有一批这样的仙股股票出现。市场成交额将进一步往行业龙头集中，根据"二八定律"，20% 的个股将占据市场 80% 的交易额，类似美股的交易特征。由于机构投资者逐步回避僵尸股，预计市场成交额将进一步向行业龙头公司集中。

市场情绪直接影响股价

市场是由人组成的，是人就会有情绪，而情绪是影响市场短期波动的主要因素。投资者的风险偏好情绪和市场波动有时互为因果，以至于很难说清楚是投资者情绪影响了市场涨跌，还是市场涨跌影响了投资者情绪。作为价值投资者，首要的是关注企业的价值，警惕被市场情绪所左右。市场情绪可以被观察，更可以被投资者利用。格雷厄姆在《聪明的投资者》中多次提到要利用那个被情绪左右的市场先生：

假设你和市场先生是一对企业的搭档，每天市场先生都跑过来给你报个价，按照这个价他买你的股份，或卖给你股份。你们拥有的这个企业业务很稳定，但是市场先生的情绪却不是很稳定。有时候他会很兴奋，对未来充满乐观，于是会给企业股份标出很高的价格。有时候他又信心不足，会给出一个很低的价格。市场先生有个可爱的性格，他不在乎受冷落。如果你不理会他的出价，他明天照样会带着一个新的标价来找你。

格雷厄姆提醒说，如果市场先生表现出愚蠢的情绪，你可以选择不理会或利用这样的机会。但是如果反过来，你受到他的影响，后果将是灾难性的。

对于 A 股的市场情绪，笔者印象很深的有两次。一次是 2007 年春夏之间，上证综指从 3000 点不到，3 个月就涨到 4500 多点，市场连续大涨，一首股民的《死了都不卖》歌曲在网上很流行，歌词是这样的：

把股票当成是投资才买来

一涨一跌都不会害怕掉下来

不理会大盘是看好或看坏

只要你翻倍我才卖

我不听别人安排

凭感觉就买入　赚钱就会很愉快

享受现在　别一套牢就怕受失败

许多奇迹中国股市永远存在

死了都不卖

> 不给我翻倍不痛快
>
> 我们散户只有这样才不被打败
>
> 死了都不卖
>
> 不涨到心慌不痛快
>
> 做股民就要不摇摆
>
> 不怕套牢或摘牌
>
> 股票终究有未来

另一次是在2015年,上证综指冲向4000点和5000点的时候,笔者在东方财富股吧里看到很多踏空的投资者留言:如果市场能再给一次指数在2000点买股票的机会该多好啊。而到了2018年,A股真的又回到了2000多点位置,不知道这些人是否会考虑进场,根据经验,很多投资者此时却反而要止损离场。

创业板月线七连阴

怎么观察市场情绪?2018年4月到10月,创业板有一个有史以来的新纪录——月线七连阴。创业板指数从2018年年初的1752点下跌到10月31日的1275点,共跌去477点,跌幅达到27%。如果从2015年的高点4037点算的话,跌幅则高达近70%,月线连跌7个月就是市场情绪极度低迷的反映。

2000 年后全球重要市场的几次大跌见表 4-4。

表 4-4　2000 年后全球重要市场的几次大跌

事　件	下跌区间	跌幅（%）
2000 年纳斯达克泡沫破灭	5100 ～ 1108 点	78
2008 年上证综指大跌	6100 ～ 1664 点	72
2015 年创业板泡沫破灭	4037 ～ 1184 点	70

3 年跌 70% 是一种怎样的体验？受 2008 年全球金融危机影响，上证综指从 6100 点附近不到一年时间跌到 1664 点，跌幅是 72%，与 2000 年纳斯达克载入史册的经典科网股泡沫破灭时相比也不差。纳斯达克指数当时是从 5100 多点跌到后来的 1108 点，跌幅是 78%。创业板指数与之相比，在整体跌幅上也就少了 8%，从 2015 年的高点 4037 点到 2018 年的 1184 点，与 A 股其他的重要股指相比，创业板指数跌幅也是最大的。上证综指在 2015 年 6 月盘中出现阶段性高点 5178 点，2018 年 10 月出现低点 2449 点，跌幅约 52%；深证成指同期跌幅约 61%；沪深 300 指数同期跌幅约 44%；上证 50 指数同期跌幅约 33%；中小板指数同期跌幅约 60%。2015—2018 年 A 股重要指数跌幅见表 4-5。

表 4-5　2015—2018 年 A 股重要指数跌幅

指　　数	点　位	幅度（%）
上证综指	5178 → 2449	52
深证成指	18211 → 7084	61
沪深 300	5380 → 3009	44
创业板指数	4037 → 1184	70

所以说创业板自2015年以来下跌很惨烈。2015年6月，创业板有480只股票，到2018年10月31日，480只股票中只有21只是上涨的，其中爱尔眼科和智飞生物比2015年的股价上涨了50%～60%。剩下的459家公司股价都是下跌，因为指数都跌了70%，个股下跌就更加惨烈。其中有9只股票跌幅超过90%，金亚科技跌幅是97%，乐视网跌了90%竟然都没有进到跌幅榜的前五名。创业板大跌是泡沫破灭之后的估值回归。从2015年最高平均150倍的市盈率跌到2018年低位的41倍，市净率从最高12倍跌到2.8倍，所以总体来看，创业板的投资价值正在显现。

与纳斯达克相比，创业板弱在哪儿

如果把创业板的整体指数和纳斯达克做一个比较的话，纳斯达克现在整体是40倍的市盈率，和创业板差不多。但纳斯达克市净率是1.4倍，而创业板是2.8倍，创业板高于纳斯达克。最核心的是纳斯达克上市公司的赢利能力比创业板强，它的平均净资产收益率（ROE）在10%以上，而创业板根据2018年三季报公布的数据统计下来是8%左右，创业板资产的赢利能力和资产经营的效率比纳斯达克弱。

如果再把创业板明星股和纳斯达克的明星股进行对比，市值方面，截至 2018 年 10 月 31 日，纳斯达克前四大市值公司是苹果、微软、亚马逊和谷歌。苹果的市值超过 1 万亿美元，微软和亚马逊是 8000 亿美元左右的市值，谷歌是 7600 亿美元，这些公司都是细分行业的龙头，有强大的科研能力和科研投入。而创业板市值靠前的公司中，宁德时代主营制造动力电池，市值是 1600 亿元，温氏股份 1300 多亿元，迈瑞医疗市值 1200 多亿元，爱尔眼科 600 多亿元，后两家都属于医疗服务、医疗器械行业。对比创业板和纳斯达克的前几大公司，从体量上来看差别就非常大，在核心竞争力方面也有很大的差距。

2018 年 10 月 31 日纳斯达克和创业板前四大公司比较见表 4-6。

表 4-6　2018 年 10 月 31 日纳斯达克和创业板前四大公司比较

纳斯达克	市值（亿美元）	创业板	市值（亿人民币元）
苹果	10 000	宁德时代	1600
微软	8000	温氏股份	1300
亚马逊	8000	迈瑞医疗	1200
谷歌	7600	爱尔眼科	600

虽然和纳斯达克明星股相比有很大差距，但是创业板一直在稳步发展，从 2009 年第一批上市的 30 家公司到 2019 年 5 月的 760 家公司，总市值已经超过 4 万亿元。创业板在信息技术、高端装备、生物科技和医疗等方面涌现出一大批细分市场的龙头，从整体上看已经初具投资价值。另外，创业板的问题公司也不少，有涉嫌"庞氏骗局"已经暂停上市的乐视网，有财务造假的金亚

科技等。部分创业板公司仍估值偏高，有的几百倍甚至上千倍市盈率。虽然这些公司的股价还会分化，但是经过剧烈下跌后的创业板正在提供较好的配置机会。

创业板 5 元以下股票超百只

2018 年的创业板大概可以改名叫"创新低"，几乎大部分时间都在创新低，指数跌去了 70%。随着创业板泡沫的破灭，很多股票跌得只剩下一折左右的价格。创业板的整体市盈率也从以前最高时的 150 多倍跌到最低时的平均 40 倍左右，创业板上市公司的数量也达到 730 多家，总市值超过 4 万亿元。

虽然创业板整体跌幅较大，但仍有一些创蓝筹个股表现不错。从市值的角度而言，宁德时代、温氏股份市值超千亿元。而另一极端现象则是小市值的创业板个股，有 100 多家个股市值跌破 20 亿元。比如，金亚科技总市值仅剩 2 亿元，最低市值前五名也仅有 10 亿元左右，可见创业板个股两极分化非常明显。

虽然创业板经历了剧烈下跌，但对于创业板是不是到了底部，或者说下跌空间还有多大，市场众说纷纭。

看空者认为不是底部，创业板估值还是偏高，因为 40 倍的市盈率和 A 股主板不到 16 倍的整体市盈率相比还是很高，同时创业板大股东减持套现的压力也比主板大。创业板的再融资和购并重组比以前更加严格，影响了它的外延式扩张，未来业绩增长可能会低于预期。还有创业板公司前几年大幅扩张收购，形成了大量的商誉待摊销，将会成为影响业绩的"地雷"。

看好创业板的观点认为，创业板经历惨烈下跌后，估值泡沫和一些负面预期都逐渐消化。虽然仍有40多倍的市盈率，但是和同期美国纳斯达克46倍市盈率相比，创业板的40倍市盈率并不算高，创业板50指数的市盈率在30倍左右，已经显露出投资价值。

特别是创业板的股价出现了大量低价股现象，股价绝对值便宜往往应该引起注意。截至2018年10月底，在创业板上市的732家公司中，已有超过100家公司的股价跌破了5元，占比近14%。10元以下个股有330多只。以前创业板由于上市数量少，加上盘子小，股价基本上都在10元以上，很少有跌破5元的。这次上百家公司出现5元以下价格，一方面说明市场确实调整惨烈，另一方面也可作为一个观察市场整体情绪低迷的信号，可能危机中蕴含机遇。

观察长线资金行为

长线资金的行为是观察市场的一个重要参考。长线资金一般包括社保基金、养老基金、险资、企业年金等，如果出现产业资金以及其他一些大资金也积极入市的信号，往往意味着市场进入好价格区域。

养老目标基金出手了！

2018年8月，包括华夏、中欧、南方、鹏华等在内的首批14家基金公司旗下养老目标基金获批，这些获批的基金类型均为FOF基金。

什么是FOF基金？FOF基金就是基金中的基金，通俗来说就是基金买证券资产，而FOF基金专门买基金。FOF并不直接投资股票或债券，它的投资范围仅限于其他基金，通过持有其他证券投资基金而间接持有股票、债券等证券资产，它是结合基金产品创新和销售渠道创新的基金新品种。

养老目标基金获批，给市场传递了一个积极的信号，因为养老目标基金投资到二级市场上有两个基本要求：一是要长期投资，预定的投资时间都比较长；二是要求低风险。A股市场2018年持续下跌，市场情绪低迷，在这种情况下管理层批准养老目标基金入市，显然判断市场已具备明显的投资价值，此举也间接向市场传递了投资机会或将来临的信号。

根据欧美国家经验，养老系列基金将逐渐成为资本市场的"压舱石"。养老基金一般分为三类：第一类是公共养老基金，如社保基金，由国家、个人和企业三方出资，财政资金托底的养老金；第二类是企业年金和职业年金，这块主要是企业和个人根据经营情况做的一个养老保险投资规划；第三类就是个人账户的养老资金。前两类在我国资本市场已经有1.4万亿元资金进入市场，第三类养老目标基金才刚刚起步。以美国资本市场为例，美国1974年个人账户基金已经开始入市，经过40多年的发展，到2017年年底，个人账户退休基金已经达到8.7万亿美元以上，其中有4万亿美元是投资于各种共同基金。和美国相比，中国养老基金在资本市场未来的发展空间无疑是巨大的。

持续下跌的市场对养老基金极具有吸引力。从估值上看，3000点以下的A股市场，整体市盈率不到16倍，沪深300指数的标的股，整体只有11倍市盈率。2017年A股总分红额，现金分红金额超过1万亿元，股息率已达到2%，超过银行1年期的存款利率。养老基金在市场低迷时低成本入市，低风险运行，是一个比较好的时机。随着养老系列基金规模的扩大，其营运能力进一步提高，将会逐渐成为稳定我国资本市场的"压舱石"。

保险资金积极入市

进入2019年，中国银保监会举措不断，通过多渠道进一步鼓励保险公司使用长久期账户资金，来增持优质上市公司股票和债券，并且拓宽专项产品投资范围，加大专项产品落地力度。实际上，自2018年10月银保监会密集发布政策鼓励险资投资上市公司股权以来，保险机构就在密集调研上市公司，积极入市。

银保监会鼓励险资增持股票，实际上向市场传递了一个非常清晰的信号，就是险资可以放手买股票了。一方面是通过险资的长久期证券账户买一些股票和债券。长久期账户主要是买一些如银行、地产还有汽车一类的蓝筹股，持有的时间一般是3～5年，按照产业周期的发展来进行投资，比较稳定。另一方面，对险资的专项产品拓宽投资范围，也可以让参与券商的信托来给市场提供流动性，化解股权质押危机。

银保监会对险资投资设置的上限是不高于资产的30%。2017年险资总资产是15万亿元，持有A股和基金的总值是1.8万亿元，只占总资产的12%左右。到2018年三季报的时候，险资在二级市场持有的资产是1.1万亿元，这个数字低于外资在A股市场的持股金额1.3万亿元。如果按险资15万亿元的规模来看，投资比例每提高1%就有1500亿元资金入市。险资买A股，有哪些特点呢？

从2018年三季度险资持股比例和金额高的行业和公司来看，除中国人寿和平安银行在上市前大股东本来就是保险公司外，金地集团是险资持股最多的公司，险资持股占总股本的比例为51.19%。金融街、农产品、天宸股份和华夏银行，险资持股占总股本的比例在21.75%～29.98%之间。

从持股金额来看，同样除中国人寿和平安银行外，保险资金持有招商银行金额最多，约830亿元。浦发银行、兴业银行、民生银行和工商银行，险资持股金额也很高，在295亿～617亿元之间。

从行业来看，非银金融和银行是保险资金最青睐的行业，险资持股金额分别为 4657 亿元和 4321 亿元。房地产、医药生物和家用电器行业，险资持股金额在 110 亿～854 亿元之间。

由于险资比较理性，入市会有一个渐进的过程。A 股历史上的 2006 年、2014 年和 2015 年，管理部门都曾大力倡导险资入市，之后那些入市的险资都取得了比较丰厚的收益。在 2019 年年初沪深 300 指数市盈率不到 11 倍，整个市场价值被严重低估时，管理层鼓励险资入市，发出了积极信号，也是投资者研判市场价格是否便宜的信号。

可转债出现诱人套利价格

可转债是一个容易被投资者忽略的投资品种，其收益往往会出人意料，据统计，2006—2018 年，可转债市场的年化收益约为 8%。如果市场出现可转债跌破面值或者低于回收价格的状况，往往意味着市场出现投资机会。

什么是可转债呢？可转债就是可以转换成股票的债券，它兼有债券和股票属性，也就是说兼具进攻和防守的特点。一方面，可以把它简单地当成一个债券，到期公司会还本付息，非常安全；另一方面，如果股市出现大涨，那么也可以择机把它转成股票，分享二级市场的收益。不过投资可转债，要看清买入价格、转换成股票的价格和将来公司回收的价格。

以2019年1月21日东方财富的可转债为例。

东财转债在2018年6月份进入可转换状态，面值是100元，而2019年1月21日的交易价格是122元左右。如果当初中签或者买进东财转债，按面值计算，此时卖出的收益率是22%。如果转股，100元的面值约定的转股价是11.36元，一张可转债可转8.8股，2019年1月21日东方财富的股价是12.8元左右，转股后的市场价约112元，收益率是12%。如果债券不转成股票，一直持有该债券到最后期限，上市公司承诺将以每张债券按107元回收。

东财转债122元的交易价格可不可以买进呢？如果以这个价格买进的话，转股后市值是112元，相当于每张可转债亏10元钱。由于东财转债上市公司承诺将来以107元的价格回收，如果122元买进可转债后一直没有转股赢利机会的话，到期公司回收，投资者顶多一张债券亏15元，也就是说亏损是有限的。但是如果看好东方财富正股价格未来有较大的上涨空间，那么此时买进东财转债，价格显然有利可图。

由此得出，可转债买进的价格越低，相对风险越小。投资可转债的同时还要看上市公司的成长性，因为持有时间一般是3～5年，公司的成长性越好，将来在股市上转股获利的收益越高。

可转债在市场低迷时期往往存在一定的机会，尤其是在熊市尾声、牛市未至的时候。如果发现可转债价格偏低接近回购价格，往往意味着市场处在低位，估值相对便宜。当然可转债也有公司违约的可能，虽然至今还没出现违约案例。做可转债投资的投资者也可以做几个可转债的投资组合，或者是买可转债的基金，都是比较稳妥的投资方式。

第五章

卖出的逻辑

沃伦·巴菲特——

有解释的没智慧,有智慧的没解释。

第五章 卖出的逻辑

卖出价格和卖出时机的选择,最能体现一个人的投资格局。普通投资者往往认为,高手就是那些能买在最低位而卖在最高位的人。但实际上,从中外长期的投资经验来看,成功的股市投资者并不是这样,如果有人宣称他经常买在低点、卖在高点,此人要么是上帝,要么是骗子,因为正常的人类根本就无法做到。毋庸讳言,经过一定的学习和训练,理性的投资者可以做到卖掉估值过高的股票,买进估值过低的股票。而在估值合理区间或均衡状态可以按计划持有,也可以继续保持观望。

常有人说,会买的是徒弟,会卖的是师傅。对于一个理性投资者,如果做好了充分的功课,买入的时候其实已经基本设定了卖出标准。如果一开始买的股票不合适,买入价格高,还想要卖出好价钱,肯定就非常难。好的买入几乎决定一切,选中股票下单之时,已基本决定了未来的投资结果。普通投资者的缺点往往是先战而后求胜,没有经过充分研究,或听消息、跟热点随意买股。而理性的投资者则是先胜而后求战,按照一定的原则选股,等待合理进场时机,卖出时机反而没那么复杂。

如果按照好公司、好价格的标准来买股，那么卖出的理由就不应该是股价上涨了或者股价下跌了，也不会因为其他股票涨得好、自己手中股票不涨而换股。在现实中，大部分投资者卖出股票的理由却都是这些，如涨了 20% 就落袋为安，跌了 20% 就要止损。实践证明，这样随机操作的收益并不高，未得到价值投资和长线投资的精髓。

投资的难点或者说投资的魅力之一，就是不同的投资理念以及不同的资金情况。哪怕是对同一只股票，是否该卖出也会出现很大争议，有时的观点甚至截然相反。

以贵州茅台为例，同样是私募大咖，但斌和董宝珍曾经的观点也差异很大。2008 年贵州茅台股价最高跌去 70%，但斌坚持持有，遭受市值暴跌和投资人压力双重煎熬。深刻反思这段经历后，但斌并不赞同不区分情况简单死守的策略，2013 年贵州茅台从高位连续下跌，跌幅一度超过 60%，这一过程中但斌吸取教训没有像 2008 年那样一直死守。

知名私募投资人董宝珍认为股价短期涨跌无法预测，如果确定贵州茅台有投资价值就应该死守。董宝珍在 2008 年 11 月就开始买入贵州茅台的股票，在 2010 年 7 月完成建仓，其持有贵州茅台的成本约为每股 160 元。2012 年年底，在整治"三公消费"的背景下，A 股白酒板块走熊，贵州茅台股价进入阴跌时期。2013 年 9 月，董宝珍与另一位投资人扬韬公开打赌称：如果贵州茅台市值跌破 1500 亿元，他就裸奔。

对价值投资的笃信并没有让董宝珍赢得当年的赌约，2012年7月贵州茅台从266元一路下跌，一直跌到2014年1月的每股118元附近，股价腰斩。贵州茅台的市值也跌破1500亿元。

我问过董宝珍，当股价大跌、焦虑难熬时是否考虑过减仓应对，董宝珍说在贵州茅台股价下跌过程中，他没有减仓反而不断加仓；越跌越愉快，感觉又到了建功立业的好时机。但坚持也让他付出了巨大代价，在贵州茅台股价下跌至每股118元时，因为加了杠杆，董宝珍所持股票的市值已经下跌了70%，基金净值一度跌至0.35元。董宝珍事后回忆说，在贵州茅台股价跌至140～150元时，他除了靠意志已别无支撑了，在最艰难的时刻，或者到郊外树林静思，或者去贵州茅台酒厂和经销商调研，去看贵州茅台经销人员忙碌发货，以此来增加持股信心。

在经历了2012—2014年的白酒熊市后，2015年，贵州茅台股价用了一年时间就涨到了每股290元附近，到2019年8月，贵州茅台股价已经涨到了每股1100元以上。

从但斌和董宝珍对贵州茅台的不同思路和方法来看，卖出的条件因人而异，因资金而异，并无对错，长期投资和价值投资也不是一直持有不能卖出。关键在于要看投资资金的性质、企业的实际经营情况，以及行业外部环境是否出现重要变化，股价波动只是其中的一个因素。

我总结出了四种情况，如果出现其中一种，可以考虑卖出股票。

卖股情形一：投资出现误判

这是很常见的一种现象，投资者买入股票前的观察和买入后的跟踪，由于立场不同和思考问题的角度不同，随着获得的信息增加或者思考深入，发现当初遗漏了重要的信息，或者对某些信息做出了错误的判断。这些信息有可能是董监高出现违规违法行为，或者是重要股东高管出现大比例减持股票，或者是公司资金和产品出现新情况。也就是说，如果发现当初自己确实是看错了，这时应该纠错坚决卖出，不能心存侥幸，更不能期待市场提供一个较好离场时机以减少损失，要知道错误决策的机会成本会随着时间而不断增加。

比如长生生物，是国家疫苗定点企业，2015—2017年企业利润连续以每年超过30%的速度增长，分红记录好，被很多机构大量持有。2018年7月15日，国家药品监督管理局发布通告，称国家药监局根据线索组织检查组对长春长生生物科技有限责任公司的生产现场进行飞行检查，发现长春长生在冻干人用狂犬病疫苗生产过程中存在记录造假等严重违反《药品生产质量管理规范》（药品GMP）的行为。通告要求吉林省食品药品监督管理局收回长春长生《药品GMP证书》，责令企业停止狂犬疫苗生产，采取控制措施确保公众用药安全。同时吉林省食品药品监督管理局有关调查组进驻长春长生，对相关违法违规行为立案调查，国家药监局派出了专项督查组赴吉林督办调查处置工作。对投资者来说,这种突发事件的打击是最大的,事前很难发现企业违规违法行为,事情发生后股价往往会连续跌停,很难有从容出逃机会。该股在连续30多个跌停板后于2018年8月31日打开跌停,股价也从每股25.3元跌到每股3.43元,虽然惨烈,连续跌停之后一旦打开跌停板,即使有游资蜂拥抄底,仍应该选择卖出。

根据A股的退市规定,如果上市公司有欺诈上市、财报违规或者造假等问题,尤其是长生生物这种涉及公共安全的重大违法事件的公司就有可能直接退市。果不其然,长生生物2018年12月11日发布公告称,收到深圳证券交易所《关于对长生生物科技股份有限公司股票实施重大违法强制退市的决定》。这样在停牌前蜂拥买入长生生物的大量游资已无出逃机会,到2019年3月5日公司停牌退市前的价格是每股1.51元。

我所在的编辑部在制作《投资者说》节目时,曾采访过一位东北的投资人。他曾到长生生物调研,意外发现公司董事长和总经理对医药制作并不熟悉,两位高管其中一人以前是政工干部,另一位是搞财务管理出身。出于对医药行业的敬畏之心,他随后卖出了所有长生生物股票,无意中躲开了一次重大投资陷阱。

2016年以后,随着市场扩容、监管方式以及投资者结构的变化,以蓝筹股为主的价值股逐渐地受到资金的追捧,而一些问题股和垃圾股则连续下跌并逐渐价值回归,长生生物、中弘股份等的退市让炒低价、炒题材、炒壳概念的赢利模式风险越来越大。

新上市的科创板已经开始试点注册制,并继续向创业板推广,这样一来公司上市更加容易,退市也会变得容易,所以如果发现决策错误要及时改正,以免遭受更大的损失。

定增是机会还是坑

一家上市公司出现再融资,就要分析此举对于公司经营会不会产生新的问题。融资有可能让新项目产生新的利润增长点,也有可能是公司自身造血能力不足、偿债压力大而被迫找题材举债。

2018年前5个月,上市公司定向增发募资总额已超过3000亿元,同时还有上百家公司股价跌破增发价。此时,三六零又向市场抛出了借壳上市之后的第一个定增预案,拟募资不超过108亿元人民币,募集资金将用于9个项目,主要围绕"大安全"进行布局。除了三六零,科大讯飞也发布公告,拟募集资金36亿元加码人工智能的研发和推广等。那么在市场低迷的情况下,上市公司定增对股价会产生什么影响?定增资金投资的项目又是否靠谱?

从上市公司定向增发的市场环境来看,2016年以来,定向增发对市场的融资额远远超过新股IPO的融资额。2016年,新股发行IPO的融资是1500亿元,定向增发是1.7万亿元;2017年,新股的融资是2350亿元,但是定向增发的金额是1.32万亿元;2018年,新股IPO金额是1299亿元,但是定向增发已达到7322亿元。定向增发对市场的压力要远远大于新股IPO。2016—

2018年A股IPO募资和定向增发募资金额对比见图5-1。

图5-1　2016—2018年A股IPO募资和定向增发募资金额对比

根据证监会对定向增发的规定，上市公司定向增发的价格是其定向增发的基准日往前20个交易日股价平均价的90%。也就是定增前20个交易日的股价打9折价格。2018年5月，三六零和科大讯飞的股价正好都在38～40元之间，打9折后价格在35元左右。科大讯飞对应的估值是200倍市盈率，三六零对应的市盈率也在70多倍。这么高的市盈率，定向增发的风险是很大的。

对投资者来说，上市公司定向增发是利空还是利好，要取决于上市公司的核心竞争力和赢利能力。以科大讯飞为例，从科大讯飞的募资情况和分红情况来看，科大讯飞从2008年上市到2018年5月，上市融资是3亿多元，经过五次增发，合计增发金额是48亿元,加上IPO融资金额一共是50多亿元。而真金白银回报给投资者的现金分红同期总计却只有6亿多元,是典型的融资多分红少。从财务报表上来看,科大讯飞净资产收益率偏低,2016年是7%左右的净资产收益率,2017年已经下降到5.7%左右。如果未来一直是这样偏低的净资产收益率,期待定增项目产生超预期的投资回报,显然并不现实。

定向增发要不要参与,关键是看定向增发的项目是不是靠谱,是不是过硬。2016—2017年,A股尤其是主板市场是一个慢牛走势,但是大多数个股的股价却一直跌跌不休走上漫漫熊途。2017年有近50%的定增项目实际上已经跌破了定增价。2018年前5个月又有超过30%以上的项目也跌破了定增价,显然参与定增投资的风险还是比较大的。

对于价值投资和长期投资者,如果出现投资的公司有再融资行为,要关注定增项目的含金量——是不是利用题材或者是蹭热点圈钱,要计算投资回报,警惕步入定增陷阱。

任性停牌公司容易任性

A股有个怪现象,有些股票说停牌就停牌,一停就停到投资者怀疑人生,不知何时能再相见。俗话说,路遥知马力,日久见人心,公司对停牌的态度和管理方式也是管窥上市公司品质的一个角度。

根据数据,截至2018年11月,A股停牌时间最久的5家上市公司，连续停牌天数都超过了 200 天，而连续停牌超过 100 天的也有 20 家。其中 *ST 新亿更是连续停牌了 712 天，停牌原因是重整事项还处于破产重整司法程序中。深深房 A 和沙钢股份连续停牌时间也超过了 500 天。通信行业的信威集团停牌 454 天，房地产行业的中天金融停牌 295 天，原因大都是涉及重大资产重组。

股票长期停牌不仅影响市场的流动性，也会影响交易的效率、资源配置的效率，还会造成新的不公平。不管上市公司以什么理由停牌，长期停牌都不能是"挡箭牌"。一些大股东由于高杠杆、高比例质押股权，或者有不足为外人道的难言之隐，在股票连续下跌的时候往往就停牌避险，一停了之。在 2015 年股灾的时候，就曾出现过千股停牌的壮观景象。

当然，也有一些上市公司因为特殊原因停牌，例如，在 2015 年 12 月也就是宝万大战时，宝能计划收购万科，然后在二级市场大量买进万科股票举牌，正在关键的时刻万科突然宣布停牌。万科在港股市场停牌一个星期以后就复牌了，但是在 A 股停牌接近 7 个月。原因是两地交易制度的不同，尤其是内地市场的交易制度不尽完善，停牌规则被高管拿来当一种博弈策略。

A 股停牌制度也和国际市场在逐步接轨，尤其是 MSCI 国家指数将 A 股纳入指标体系之后，根据 MSCI 国家指数选股标准，如果一个指标股停牌的时间超过 50 天，将被剔除投资体系标的，同时在未来一年内不再纳入。2018 年，MSCI 国家指数宣布第一批纳入 A 股的投资标的中，就没有煤炭板块龙头股中国神华，原因就是此前中国神华有个一段较长时间的停牌。国际一些成熟市场往往是各种交易规则完善，能够不停牌就不停牌。2018年11月，证监会发布了《关于完善上市公司股票停复牌制度的指导意见》，主要内容包括四个方面：一是确立上市公司股票停复牌的基本原则，最大限度保障交易机会；二是健全上市公司股票停复牌申请制度；三是强化上市公司股票停复牌信息披露要求，明确市场预期；四是做好相关配套工作。

管理层推出新规虽然有利于推动停复牌的规范，但对于不同公司执行效果仍会不尽相同。上市公司为何长期停牌，是不是任性停牌，投资者从中也能管窥这家公司的治理水平。

卖股情形二：企业基本面出现重要变化

企业的战略由于时间或领导者的变化而不断变化，即使投资当初做出了正确的评估，随着企业发展也可能出现大幅偏离。比如，该企业从专注于主业变成多元化，从内涵发展转向激进收购，或者出现管理层伤害股东利益行为，以及企业产品竞争力下降等情况。如果基本面发生重大变化，就会造成内在价值的大幅下降，持股的安全边际就会变小，此时应该考虑卖出。

需要指出的是，卖出是由于企业基本面发生了性质变化，不是简单的量的变化。有的公司由于季节或者税收等政策原因而业绩波动，也有的是因为个别意外利空事件造成的，这并不是应该卖出的理由。比如，2008年，三鹿奶粉三聚氰胺事件导致乳制品行业普遍受冲击，行业龙头股伊利股份也出现股价大跌。还有"八项规定"精神严禁公务人员超标接待，2013年贵州茅台、五粮液等优质白酒股股价大跌，这时就是考验投资者对企业和行业洞察力的时候。负面消息有些是卖出的强烈信号，有些反而是重大机会。

蓝筹股大跌，机会还是陷阱

2019年7月14日，有着"药中茅台"之称的东阿阿胶公布半年报预告，预计2019年半年度净利润同比下滑75%～79%。同时另一只白马股龙头，曾被外资"买爆"的大族激光也出现业绩超预期下滑，预计2019年上半年净利同比下降60%～65%。次日东阿阿胶、大族激光股价双双跌停。

业绩"变脸"事先都有预兆，部分蓝筹股业绩变脸并非事先毫无征兆，投资者平时如果仔细观察的话，还是能发现一些蛛丝马迹的。东阿阿胶曾经有过一段长时间的风光时期，上市以来募集资金5亿多元，投资回报中现金分红就达到40多亿元，股价从2006年到2018年上涨超过20倍，销售收入从2006年的10亿元增长到2018年的70亿元，增长了7倍，利润从2006年的1.5亿元增长到2018年的20亿元，增长了13倍。

东阿阿胶业绩的增长也是跟产品不断提价有关。2006年阿胶是200块钱一斤，到2018年最高的时候达到了3000块钱一斤，产品提价超过15倍，但是公司的营收只增长了7倍。也就是说，随着价格的不断提升，产品的市场占有率在下降，产品的销量也在下降。尤其是2018年第四季度以来，产品的库存急剧上升，同时2017年和2018年的净利润维持在20亿元停滞不前，后来业绩"变脸"其实并不意外。

同样地，大族激光上市后也出现连续高增长，投资价值被挖掘，特别是北上资金非常喜欢大族激光，2019年3月5日曾出现因北上资金连续买入大族激光，持股比例超过28%，一度被交易所暂停买入。但大族激光也有隐患，如从2018年以来其产品毛利率从30%多逐渐下降到28%，毛利率不停下降，产品定价能力减弱。2019年一季度，大族激光销售收入增长了25%，但是净利润却同比下降了50%，如果投资者及时注意这些信号的话，那么就会知道大族激光2019年中报业绩"变脸"并不意外。

周期波动与财务造假性质不同，像东阿阿胶和大族激光这种白马蓝筹股，如果它只是一个经营策略或者是产品正常周期波动，那和康得新、康美药业财报造假、炒作题材是有本质区别的。任何一个企业都有自己的发展周期，即使像苹果这样的企业，苹果手机的销量在下滑，市场占有率也在降低，但是并不影响苹果是一个好企业。相信真正的优质白马蓝筹股经过调整之后，仍会有机会重新崛起，但财务造假等违法违规的企业例外。

值得警惕的是，如果白马股大跌后仍有一些似是而非、无法证伪的传闻，比如，大族激光在欧洲的研发中心事件，可能会影响到长期持股者的信心。另外东阿阿胶的投资者还应该关注市场对于传统中医药关于食补和药补效果的分歧，随着科技的进步和技术能力的提高，像冬虫夏草、燕窝、驴皮等传统中药食材是否继续为消费者所接受，还需要一个重新认知的过程，不排除其中存在意外风险。

价值投资的本质就是以比较便宜的价格买好的企业。再好的企业如果股价不停地上涨，它的风险是在不断增加的，一个公司哪怕平庸一点，但是股价跌得非常多甚至跌过头了，那么它仍有配置价值。所以关键是估值水平，低估值才安全。

ST 股炒作已是穷途末路

A 股有一个板块是企业经营已经连续出现恶化，或是出现重大风险因素被特别处理，这就是 ST 板块。该板块个股要么是业绩有问题，要么是财务有问题，要么是公司治理出现问题。上市公司被处理为 ST 股一般有三种情况。

一是连续两年亏损，特别处理成为 ST 股，如第三年还亏损标注成 *ST，是退市预警，就意味着有可能要退市。

二是因为股票的净资产已经跌破面值，假如这只股票面值是 1 元钱，那么净资产低于 1 元或者资不抵债，就会被处理为 ST 股。

三是因为重大违规、欺诈上市或者是财务报表造假违规等，如 2018 年的长生生物，就是由于涉嫌危害公共安全等重大事件被特别处理成 ST 股。

所以 ST 股往往有这样或那样的毛病，而且问题还很严重。以往市场经常出现炒 ST 股行情，是因为上市资源少，市场对壳资源需求多。2017 年后由于股市大幅度扩容让供求关系发生了变化，ST 壳资源不再稀缺。同时市场监管方式也发生了变化，退市力度加强，同时对重组并购审核趋严，这也不利于 ST 股的前景。另外，投资者结构也发生变化，机构资金增多，特别是外资更加强调风险可控，使得 ST 股票炒作很难再形成系统性的行情。

2018 年年底出现的 ST 板块连续掀起涨停潮，主要是个股超跌反弹，也不排除部分资金自救等因素。但投资者要清楚，在整体下挫的市场环境中，ST 股更容易被抛弃。随着经济增速下降，ST 公司通过内生增长扭亏保壳的难度加大。同时退市常态化也让炒作 ST 股的风险进一步加大。ST 股中也确实有一些本身质地不错，只是因为行业周期原因导致业绩不好，那么这些公司有可能会扭亏甚至摘帽。但大部分公司则是由于长期经营不善或者市场定位不准，造成资不抵债、严重亏损，未来要么被退市，要么可能成为僵尸股。

巴菲特曾警告说，一个好公司变成一个坏公司比较容易，但是一个坏公司要变成一个好公司很难。让 ST 股脱胎换骨不是不可能，而是概率很低。

巴菲特的加仓逻辑

分析巴菲特 2018 年三季报，有加仓也有减仓，特别是卖出沃尔玛股票引人关注。

根据巴菲特 2018 年三季度持仓报告，共有价值约 1912.4 亿美元的股票，三季度伯克希尔大幅增持了美国银行和高盛的股票，增持幅度分别达到 29% 和 38%，继续增持苹果，新建仓了摩根大通。截至三季度末，巴菲特十大重仓股分别为苹果、美国银行、富国银行、可口可乐、卡夫亨氏、美国运通、美国合众银行、穆迪、高盛和摩根大通。可以看到，银行股在十大重仓股中占到一半。三季度持仓变化的另一个关注点是，巴菲特清仓了投资长达 20 年的沃尔玛，将其 140 万股价值约为 1.4 亿美元的股票全部卖出。巴菲特 2018 年三季度十大持仓股见图 5-2。

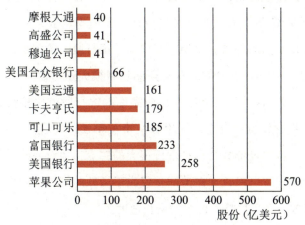

图 5-2　巴菲特 2018 年三季报十大持仓股

巴菲特的一举一动总是引起投资者的关注，2018年三季报他加仓了银行股和科技股。比如，美国银行大幅加仓超过250亿美元，成为第二大持仓股票，仅次于苹果。2018年第三季度以来，美国居民消费价格指数CPI月度同比已经达到2.9%的水平，经济一定程度的过热使得美联储进一步加息的预期增强。伴随着美联储年内多次加息，银行利率进一步走高。从三季报来看，美股金融板块增长强劲，得益于利率上行，零售银行业务表现强劲，典型的代表是美国银行，高盛也在大力发展零售银行业务，同时高盛和摩根士丹利的股票交易业务均较为强劲。巴菲特认为美国经济向好和加息通道开启利好银行股，由于美国经济基本面比较强劲，连续加息有利于银行赢利能力进一步提升，这或许可以部分解释巴菲特对银行股的偏爱。

除了买银行股，巴菲特也买了科技股甲骨文。甲骨文的市盈率当时在53倍左右，买这种轻资产高市盈率的股票，其实不符合巴菲特以前的理念。比如，他加仓的银行股，美国银行市盈率是13倍，股息率是2%左右，高盛和摩根大通市盈率分别是15倍和13倍，这种低市盈率、高股息率的银行股就比较符合巴菲特一贯稳健投资的理念。而甲骨文市盈率53倍，还是轻资产，可见巴菲特的投资理念也在进行很大的转变，他对一些科技巨头开始尝试配置。甲骨文在美国是仅次于微软的第二大软件公司，发展稳健，多年保持两位数的增长速度。

巴菲特清仓沃尔玛

说完加仓再来说减仓，巴菲特把沃尔玛全部清仓了。沃尔玛曾经是美国零售业的巨头，巴菲特在沃尔玛的投资回报是赚了6倍多的利润，年均复合收益率是14%左右，这些年巴菲特总持仓的年均收益率是20%左右，投资沃尔玛对他来说是一个明显"拖后腿"的资产配置。如果拿沃尔玛与亚马逊对比就更清楚了，亚马逊20年来股价涨了400倍，而且营收年复合增长率在30%以上。有人说亚马逊是一只亏损股票，但是实际上在2007年以后，亚马逊如果想做到报表赢利的话是没有问题的，其管理层更多地考虑长远竞争力，把资金投在了云计算和人工智能上。经过多年投入，2015年以来亚马逊的云计算和人工智能开始大幅赢利，同期股价也上涨了3倍，但同期的沃尔玛股价只涨了50%，并且沃尔玛的市盈率接近60倍，估值高增长低，成为巴菲特决定清仓沃尔玛的最终理由。在巴菲特看来，只要亚马逊势头强劲，传统商业企业日子会很难过。

进一步分析巴菲特调仓背后的投资逻辑就会发现，巴菲特的投资以消费品行业和金融业为主，从杜邦公式拆解来看，巴菲特偏好高盈利、高周转、确定性高的消费行业。在其金融业持股中，富国银行、美国银行和美国运通最具有代表性。清仓沃尔玛是受到亚马逊的冲击和影响，沃尔玛未来盈利的不确定性增加，而亚马逊的电商业务对美国零售增长的贡献在不断走高，占比已经达到50%以上，在线零售发展迅速。而传统零售沃尔玛营收则开始放缓，亚马逊营收每年保持20%～30%的增长，亚马逊的收入增速明显远高于沃尔玛。

巴菲特往往在危机时刻以低市盈率买入，但由于巴菲特错过了20世纪90年代沃尔玛市盈率较低时的买入机会，直到2005年沃尔玛的市盈率从2000年的69倍下降至19倍时才开始买入，巴菲特买入沃尔玛的市盈率基本都在15倍以上，到2018年沃尔玛市盈率已到60倍附近，安全边际预留不足，因此清仓是合理的选择。

巴菲特这次调仓还有一个大的看点，就是巴菲特的持仓集中度高。巴菲特持有的2000亿美元股票总市值中，持仓的前三名，苹果是570亿美元，美国银行和富国银行加起来有490亿美元。前三名持仓就超过1000亿美元，占整个持仓的50%。持仓前六名市的值加起来是1400亿美元，占整个持仓的70%。从行业上来看，十大重仓股里面有近一半是银行股，银行股加总起来大概超过800亿美元，占十大重仓股持仓的比例是40%多。一般的投资者往往是分散风险，将鸡蛋放在很多篮子里面，但巴菲特的特点是尽量将鸡蛋放在一个篮子里面，并把这个篮子看好。

卖股情形三：价值被严重高估

往往在牛市市场情绪高涨的氛围中，个股由于题材遇到风口被爆炒，也是应该卖出的机会。在2014—2015年的牛市中，中国南车和中国北车由于集高铁和央企重组题材于一身，不到一年时间股价从 4 元涨到 40 元附近，明显脱离公司基本面，股价严重高估应果断卖出。这里说的卖出标准是严重高估，而不是一般高估。特别优秀的企业如果被市场一时高估但不是极度高估，可以不必急于卖出。优秀公司如果暂时被高估，稳定增长的收益会逐渐让估值变得合理，比如贵州茅台，时间是估值的朋友。

　　由于真正有吸引力的好公司数量不多，卖掉一时高估的优秀公司，如果换股需要降低选择标准的话，那么产生的风险可能会大于当前持有价格偏高的优质公司。巴菲特有句名言："如果让我们在股价满意但公司有问题，与股价有问题但公司令人满意之间做出选择，我们宁愿选择后者。"

　　怎样去判断一般高估以及严重高估呢？它们之间有明显的界限吗？其实如果对一家公司足够了解，并不需要很准确的数字，大致从未来三五年的利润增长和现金流贴现情况来看，从常识出发，感觉涨得很过分就是严重高估，此时宁要模糊的正确也不要精确的错误。

小心"独角兽"变"野兽"

　　2018 年春，"独角兽"企业药明康德发行上市引发关注。药明康德是中概股以 IPO 形式回归 A 股上市的第一单，也是上市速度最快的"独角兽"公司。为了顺利发行上市，药明康德的融资规模相比披露的招股书募资规模缩减了 63%，募资规模为 21.3 亿元,发行价格为21.6元,对应的发行PE为22.99倍,远低于当时65倍的行业平均市盈率。此前"独角兽"企业三六零借壳江南嘉捷回A股上市,由于估值过高,上市后股价出现了较大幅度下跌,挫伤了投资者的积极性。

"独角兽"上市,是新股发行制度的一个重大改革,中国A股市场历史短,对IPO的门槛要求比较高,特别是赢利方面,要求企业连续3年赢利。因此,有很多企业如BATJ(百度、阿里巴巴、腾讯控股、京东)被迫在海外上市。2017年,经济学界曾进行过大辩论,题目是中国经济有没有新周期新经济,以及为何美国股市有10年牛市而A股却在3000点10年徘徊。但是如果换一个角度来考虑,比如,把阿里巴巴、腾讯、京东、百度等一些中概股算到A股市值里面,那么投资者对中国股市的感受可能完全是另外一种情况,简单测算一下市值至少增加20%以上。

新股发行制度的改革,让这些"独角兽"企业能够回归,但"独角兽"企业上市必然会给A股市场的估值带来新变化。以往在上交所上市的公司多以传统企业和国有企业为主,对这些企业的估值多以盈利、市盈率、分红股息率等方面来考量。时而夹杂有炒题材、炒概念的现象,往往是游资根据市场情绪偏好,利用技术分析来进行短期投机。

"独角兽"企业细分行业类别丰富,跟生活相关的有互联网金融方面的蚂蚁金服、微信支付,生活服务方面的携程、美团、饿了吗,交通出行方面的滴滴、摩拜,高端制造方面的小米、大疆无人机等。尤其对科创企业的估值，用传统方法已很难适应。比如，有的企业没有盈利，可能更多还是看其成长性，看其在行业中的竞争地位，以及其科研投入和创新能力等。

投资"独角兽"企业，要警惕"独角兽"变"野兽"。A股历来有一个炒概念的传统。遇到新概念上市之后，往往引起市场的追逐，2017年11月以中概股身份借壳回归的三六零企业，市场对借壳标的热捧，连续有18个涨停，三六零在美国本来的估值是600亿元人民币，但是到了A股市场却变成3600亿元，后来股价连续下跌也就并不意外。所以对于"独角兽"企业上市，投资者应区别对待，如果市场定价过高，就应该果断卖出，不能盲目跟风。

13个涨停，恒立实业怎么了

股市经常会出现连续上涨的股票，上涨的同时也时而有似是而非的"利好"配合，即使有所怀疑的人在面对连续大涨的股价后，也容易变得将信将疑。

2018年11月，业绩平平的恒立实业14个交易日内居然出现了13个涨停。恒立实业随后发公告称，公司主要子公司经营情况正常，内外部经营环境未发生重大变化。恒立实业的飙涨引发多股跟风，万家乐发公告称大股东的股权被司法冻结，然而复牌后股价连续3个涨停。大连电瓷发公告称大股东的股权被冻结，而且在12月份还要面临股权被拍卖，没想到复牌之后股价两个涨停。神州长城发公告称有 3 亿元巨额债务到期无力偿还，股价在复牌之后连续 3 个涨停。

市场有人调侃，看来要想让股价上涨并不难，要么大股东股权被司法冻结，要么二股东跑路，或是有巨额债务到期不能偿还，股价就会因审丑情绪而上涨。虽是调侃，但也反映出市场对低价股和问题股投机炒作的无厘头。

从数据上来看，2018 年 10 月 19 日，上证指数 2449 点探底后的一个月，A 股反弹力度最大的并非白马股，而是低价股。上证指数反弹了 200 点，涨幅 8%。但是反弹居前的指数，从申万风格指数来看，涨幅第一名是亏损股指数，涨幅是 17%，远远跑赢了上证指数。微利股指数、小盘股指数、低价股指数都是涨幅居前的，而绩优股指数涨幅是 –2%。沪深两市股价低于 2 元的个股数量从 10 月 19 日的 68 只锐减到 11 月 13 日收盘时的 27 只，5 元以下的个股数量也从 1097 只下降至 825 只。

市场为何有时会疯狂追捧低价股和问题股呢？主要原因有两个。一方面是低价股跌幅巨大。打个比方，每年的电商"双 11"促销，商品打个七折八折，很多消费者就会纷纷抢购。同理，股价从 2015 年的最高点跌下来，实际上有很多股票打了两折三折，激发了抄底客入市抢便宜货。另一方面，市场环境发生变化，管理层鼓励上市公司回购，加快了对重组项目和再融资项目的审批，尤其是对民营企业的贷款有制度上的扶持安排，短期受益最大的是奄奄一息的低价问题股。

恒立实业就是在这样的背景下出现股价大涨的，14天出现13个涨停，股价从2.4元涨到10元多，涨幅超过3倍。这家公司1996年上市，20多年来一直以汽车空调为主营，令人尴尬的是，恒立实业这20年竟然换了五次大股东，平均3年半就换一次主人。20多年只有几次送股，只有一次现金分红，每股分3分钱。也就是说，持有该公司股票的投资者，根本没法从上市公司得到正常的股息回报，那就只能选择高抛低吸搏差价了。

市场炒低价股、问题股类似于"刀口舔血"。很多股票价格看上去比较便宜，但实际上估值还是非常高的。比如长生生物，因为疫苗事件严重影响公共安全，被监管部门罚款91亿元，而长春生物只有40亿元的净资产，显然将资不抵债，并且违法赔偿的问题还需要进一步处理，本身还有退市风险。然而在市场炒低价股的氛围下，也跟着恒立实业连续4个涨停。还有乐视网这个老问题股，2018年三季报显示公司已经资不抵债，不仅有欠款还有债务纠纷，这样的公司竟然还有100多亿元的市值；净资产是负数，居然连续上涨，股价涨幅近70%。

这些跟风炒作的投资者都希望自己不是那个接最后一棒的人，但是总要有人接最后一棒。就像巴菲特所说，牌局终了你还没有看出谁买单，那个倒霉蛋可能就是你。

海南板块：花开花落靠题材

受益于改革开放政策红利和创业热潮，海南板块在A股市场一直保持股性活跃，每次大行情都能看到这个板块的影子。1996—1997年，沪深股市走出一波大牛市行情，以琼民源、新大洲为代表的海南板块走势彪悍，和湖北板块一起被老股民称为"琼凶极鄂"，以至于后来A股每当有脉冲性投机行情，不少空仓老股民会临时建仓追买海南板块个股。

2018年4月上旬大盘弱势，但海南板块连涨，涨势之强以至于股民戏称：A股市场股票只有两种，海南股票和其他股票。引发海南板块上涨的原因是，国家出台了《中共中央　国务院关于支持海南全面深化改革开放的指导意见》。主要内容有四个方面：一是建自由贸易港；二是大力发展旅游消费、科技医疗，三是发展海洋经济，四是提升港口和国际贸易水平。由于这些政策的开放程度和力度都超出市场预期，所以市场反响强烈。政策同时也强调要严控炒房、炒地和其他投机行为，防止一些游资借机炒概念。

天大的政策利好，落地后企业层面能否受益，特别是哪些上市公司能受益呢？把海南板块市值比较大的前五名公司梳理一下，第一名是海航控股546亿元的市值，第五名是海峡股份162亿元的市值，可以看出海南本地公司的市值都不大。再从它们2017年的净资产收益率来看，最高的海峡股份是6%左右，海航控股是5.9%。一般而言，如果不是周期性特别的行业，6%的净资产收益率是一个企业经营的及格水平线。海航控股主体是海南航空，如果和东方航空比较的话，2017年东方航空的净资产收益率是12%。海南板块股性活跃的股票海虹控股业绩时盈时亏，盈利状况不稳定，国企股海南橡胶的净资产收益率只有 0.18%。

最能反映企业赢利水平的净资产收益率普遍偏低，说明海南板块上市企业的赢利能力普遍不高，最高的净资产收益率才 6% 左右。证监会关于企业再融资有规定，企业配股或者定向增发，必须最近 3 年的净资产收益率是 6% 以上。从 2017 年公司年报来看，只有海峡股份达到了这个标准。但海峡股份 2015 年和 2016 年也没有达到 6% 的净资产收益率。所以总体来看，海南上市公司的经营水平一般。在竞争的市场，机会总是留给有准备的企业，也总是留给有能力的企业，平庸的企业即便上天眷顾，也往往惠之不远。

从 A 股市场历年炒题材、炒概念的运作和规律来看，1999 年的"5·19 行情"，科技网络股一飞冲天，20 年后回头来看，当时的科网概念股没有一个成为后来的"独角兽"或者 BAT。和海南概念相近的是 2017 年的雄安概念股，雄安是千年大计，概念股持续受益力度是比较大的。到 2018 年 4 月利好政策公布一年后，绝大多数雄安概念股又跌回原地甚至还创出新低。所以对于炒海南概念的投资者来说，要小心了。

卖股情形四：有更好的投资机会

出现这种情况卖股一般比较常见，新股和优秀公司不断地上市，随着学习和研究的深入，经常会发现更好的公司。在持有 A

公司的过程中，如果发现 B 公司比 A 公司更优秀，而且估值还更低，那么卖出 A 公司换入 B 公司是理性选择。如果没完全确定有显著优势，或者差别不大的情况下，不宜因市场低迷或非热点等原因轻率换股。

巴菲特 1998 年在佛罗里达大学演讲时也提到卖出方法："找到一个好的投资机会，然后一直持有，等待它的潜力充分释放。最理想的情况是，买的时候，你觉得根本不会有这一天。我买可口可乐的时候，不觉得它 10 年或 50 年后就奄奄一息了。可能会发生意外，但是我觉得概率几乎是零。我们特别想买入我们愿意永远持有的公司。"

不过对于普通投资者并不适合永久持股，一方面，符合标准的优秀企业极少；另一方面，如果出现了太过疯狂的价格，卖出仍是机会成本更小的决策。永久持股只适用于极少数非常优秀的企业，它们的商业模式极其优秀，发展潜力巨大，有坚不可摧的"护城河"、良好的管理水平和优秀的企业文化。投资者持有了伟大的企业，如果真的做到完全不看股价，只看企业本身，那是到了投资的化境，也只有极少数人能做得到。

股价破发是机会吗

2018 年上半年的港股也比较惨淡，107 只股票新上市，其中跌破上市首日发行价的股票有 103 只，破发股票超过九成。被投资者普遍看好的小米集团，上市首日收盘价为 16.8 港元，较发行价跌了 1.18%，也出现破发。

港股跌破发行价是家常便饭，在 A 股也不少见。2017 年年初至 2018 年上半年，A 股共有 504 只股票上市。其中，有 102 只股票破发，占比 20.4%。有 86 只股票是在 2018 年 6、7 月份跌破发行价。这 102 只破发股票中金麒麟的跌幅超过 50%，位列第一。5 只股票跌幅在 40%～50%，13 只股票跌幅在 30%～40%，19 只股票跌幅在 20%～30%，65 只股票跌幅在 20% 以内。2017—2018 年上半年 A 股上市股票破发情况见表 5-1。

表 5-1　2017—2018 年上半年 A 股上市股票破发情况

破发后跌幅	20% 以内	20%～30%	30%～40%	40% 以上
破发家数	65	19	13	5

小米破发预示了新经济股上市热短期内开始降温，会给随后计划在港股上市的美团、腾讯音乐、蚂蚁金服等企业带来定价压力。A 股市场 2018 年上半年有多家"独角兽"新经济企业一上市就受到市场追捧，药明康德、三六零和华大基因等由于上市初期定价过高，之后出现了股价连跌。

判断是不是投资机会，核心是关注企业的经营情况而不是发行价格。不管是新经济企业还是老企业，其盈利能否稳定增长，市场份额和影响力能否同步提升，这些才是投资者要考虑的首要问题。2012 年上市的美国脸书，发行价当时是 38 美元，后来也一度破发跌到 34 美元，到 2013 年才重新回到 38 美元。由于企业有比较好的用户黏性，有好的市场扩展空间和爆发增长的利润，后来股价又连续涨了好多倍。所以即使是破发，如果是好企业，它终究会再起来或创出新高，但如果是纯粹炒概念，或者不能实现连续增长的盈利，投资者就需要警惕了。

所以不论破发与否，企业上市之后必然要面临业绩的考验，真正的好企业，股价最终还是会回归价值，单纯炒概念最终会被市场抛弃。

第六章

避开投资陷阱

乔治·索罗斯——

经济史是一部基于假象和谎言的连续剧，要获得财富，做法就是认清假象，投入其中，然后在假象被公众认识之前退出游戏。

第六章 避开投资陷阱

对于投资风险，相信投资者并不陌生，投资者在开户的时候，证券公司都会反复提醒：股市有风险，投资需谨慎。股市投资决策本质上就是对收益和风险的选择。股市的风险一般有政策风险、公司风险、投资决策风险等。随着A股上市公司越来越多，"黑天鹅事件"也必然会增多。对风险的描述，这几年一个很深的体会就是财经圈越来越娱乐，娱乐圈越来越财经。2019年的A股上市公司又出现不少奇葩事件，新城控股董事长被拘捕以后，就有投资者调侃：做投资除了担心公司财务风险，还要担心国际风险，担心特朗普发推特，担心猪被饿死，担心扇贝跑了，担心董事长行贿，担心董事长通过不正当手段送女儿上名校，甚至还要担心董事长会不会是变态。谁能想到大股东女儿国外求学也能导致步长制药股价大跌。2019年7月，新城控股董事长涉嫌性侵被捕，让新城控股股价连遭3个跌停板。

做投资的时间越长，投资的经验教训就越多，甚至会有对公司陷阱防不胜防的感觉。如果能避开各种陷阱，控制风险，投资不成功很难。巴菲特总结投资教训时经常提到两条纪律：第一是不要亏损，第二是永远记住第一条。道理每个人都知道，但基本上没有人能完全做到，就连巴菲特的搭档查理·芒格都忍不住调侃道：我要是知道自己死在哪儿，我就不去那个地方。

一般来说，宏观政策变化风险和市场情绪风险一般要结合经济周期和市场运行周期来判断，即使判断正确也未必对投资有切实效果。2015年以来供给侧改革，很多行业出现整合收缩降杠杆，但食品饮料行业主要公司基本不受影响，甚至还出现利润增速加快的现象，所以投资者更多的还是要防范上市公司的经营风险。

烂公司是藏不住的

市场上的问题股好像此起彼伏，这首先与监管趋严加快问题股暴露有关。管理层市场监管的重点也在发生变化，以前监管更多地注重在市场交易层面，防止股价异动，审查资金是否合规等。随着监管重心更多地转移到上市公司方面，对信息披露是否真实、公司行为是否合规加大监察，一些问题公司就纷纷现形，没法滥竽充数了。

比如2019年5月下旬，深大通暴力对抗深交所执法人员，令市场一片哗然，随后深大通股价跌停。在暴力抗法的极端行为之前，深大通已经暴露出了不少问题。深大通本身业绩一般，2018年在区块链火爆的时候，它发公告称投资区块链项目，2019

年工业大麻概念火的时候,它又发公告称和汉麻集团等公司展开合作。反复蹭热点引起交易所关注,特别是深大通发公告称用区块链技术推动工业大麻产业的发展。根据2019年公司一季报数据,投入区块链的资金不到20万元,用这样微薄的投入来发展区块链技术无异于在讲故事,所以被深交所连续问询,深大通的问题才呈现到公众面前。

问题股增多还与产业竞争环境的变化有关。随着供给侧改革进入新的阶段,各行业集中度进一步提升,行业的竞争更为激烈,高杠杆、高负债、频收购等问题让部分企业逐渐力不从心,从而引爆"地雷"。以汽车市场为例,2018年,我国的汽车产销量达到2800万辆以后,出现了自1989年以来首次行业负增长,整个行业供求关系出现新变局。汽车行业的集体好日子到头了,行业龙头上汽集团出现了利润下滑,广汽集团、比亚迪也出现利润大幅度波动,长安汽车业绩大幅下滑甚至亏损。海马汽车发公告称要出售超过400套房产,背后是净利润连续两年亏损,股票面临"披星戴帽"被特别处理,被逼无奈只得选择卖房保壳。一些处在行业中下游、竞争力弱无法转嫁成本的企业首先就会受到冲击。

股票的基本面问题最终都会体现在股价上。有竞争力的好公司股价会反复创出新高,上涨之后继续上涨,问题股和绩差股股价则会"跌跌不休"。2019年1月到5月,上证指数涨了15%,但是却有700多家公司股价下跌,跌幅超过30%的公司有50家,其中有35家是被ST的公司,这些绩差问题公司绝大多数将会一蹶不振。

因为贪婪,所以相信

说起股市圈钱骗局,就不能不提乐视网。2019年5月10日,曾经是创业板第一大市值股的乐视网发布《关于公司股票暂停上市的公告》,公司自2019年5月13日起暂停上市。此时,距离乐视网前董事长贾跃亭远走美国已过去两年时间。

其实在2018年1月19日乐视网董事会通过终止对乐视影业重组的计划时,就意味着贾跃亭将乐视影业资产注入乐视网的救命王牌彻底泡汤,地产大佬孙宏斌和多位影视明星,以及60只公募基金、18万投资者注定将梦碎乐视网。

在2018年1月的乐视网投资者说明会上,接替贾跃亭任乐视网董事长的孙宏斌忍不住流下英雄泪:人有时候要敢教日月换新天,有时也要愿赌服输,坦然接受现实。这句话让无数投资人唏嘘不已,乐视网如日中天时,呼风唤雨,没有人能想到会有今天的结局。时来天地皆同力,运去英雄不自由,贾跃亭信誓旦旦"下周回国"言犹在耳,然人去楼空又一年。2018年年初的乐视网已是风雨飘摇、大厦将倾,有32亿元的股票融资盘,股价如果出现连续大跌,必然引起大批投资人爆仓。此外,乐视网大股东和其他重要股东还有十几亿股乐视网股票,股权质押占比较高,质押市值超百亿元,如果不能及时追加保证金,也可能会遭到平仓。除此之外,还有18万户乐视网散户投资者,如果股价跌到4

元左右，平均每户亏损将超过十几万元。

早在 2017 年年底，深交所已将乐视网从创业板指标股里面调出，同时一并从深证成指和深证 100 指数里剔除，所以乐视网暴跌对相关指数的拖累反而并不大。乐视网从 2010 年上市到 2015 年期间，5 年时间股价涨了 50 倍，市值最高的时候达到 1600 亿元，暴跌之后相当于有 1000 多亿元市值灰飞烟灭，对投资者和资本市场造成的伤害，已经远超当年银广夏和蓝田股份。

乐视网是一个典型的炒概念、蹭热点、讲故事的公司，从它上市的经历来看，一直在讲故事、画大饼，用"诗和远方"吸引投资者。乐视网早期做视频，然后跨界去做超级电视，2013 年移动互联网大热的时候又去做手机；等到 2015 年新能源汽车盛行的时候，乐视网又开始跨界造车。大股东贾跃亭通过讲故事不停地融资圈钱，推高股价再高位减持。不知道是入戏太深，还是谎言多了自己也相信了，当 2016 年有投资者质问贾跃亭，他的这些项目到底靠不靠谱时，贾跃亭竟慷慨激昂、眼含热泪反问："那些我们曾经吹过的牛，哪一个没有变成现实呢？"

贾跃亭造车，画饼难充饥

对于炒作题材的公司来说，可谓是公司不死题材不止。乐视网的炒作剧情也一直就没有消停过。2018 年 7 月，贾跃亭通过微博在美国发布第一辆 FF91 预量产车图片,是不是真的能开不知道,倒是载着毫无关系的乐视网股价一路狂飙,给 A 股市场秀了一波魔幻的操作。

2018 年的夏天,A 股市场由于中美贸易摩擦走势低迷,当市场传闻贾跃亭造车出现新进展,法拉第未来汽车的 PPT 又引发投资者联想,造车或将成功,乐视网解救有望,于是乐视网股价连续飙升。而实际上,乐视网和贾跃亭生产汽车的公司是完全两个互不关联的公司,乐视汽车里面乐视网没有任何股份。如果投资者冷静想想新能源汽车的龙头特斯拉,造车 10 年都没有盈利,消耗资金超过 100 亿美元。贾跃亭的汽车什么时候赢利?至少在未来三五年内很难赢利,所以对贾跃亭来说造车画饼也难以充饥。

那么是谁在买乐视网的股票呢?从成交的龙虎榜来看,乐视网涨停,当天 7 亿多元的成交金额,位居涨幅榜买入前五名的营业部,第一名只买了 1990 万元,第二名买了 1000 万元,第三名到第五名只有 600 万~700 万元,买力分散显然是散户行为。

投资千万条,风险防范第一条。像乐视网这种炒作,包括后来出现的中弘股份、长生生物等,反复证明 A 股投资者有多么喜欢听故事。

适合赌博的公司长啥样

散户：血汗钱能拿回多少？

董事长：你本来就是来赌博的。

这段经典对话发生在千山药机股东大会上。2019年5月10日，深交所连发7家上市公司股票暂停上市的公告，其中就包括千山药机。5月17日，在千山药机股东大会上，面对中小股东询问血汗钱能否拿回来的提问，董事长的回应是，你本来就是来赌博的，而我们的股票正好适合你。

2017年，千山药机的业绩大幅度下滑并出现亏损，陷入第一大股东持股被冻结等各种风波。从2018年1月开始，千山药机多次发出股票存在被实施暂停上市风险的提示公告，仅2019年一季度就发了超过10个公告。但与之相对应的是，其股价一季度涨幅超8%，2月份一个月就涨了将近45%。

千山药机在2017年就因涉及财务造假，遭到证监会立案侦查，进而经营巨亏问题暴露，面临退市风险。在上市公司多次风险提示后，这种还想博一把的投资者，毫无疑问应该承担风险。一般来说，上市公司经营有好坏，能力有大小，但是必须提供真实财务信息。如果上市公司提供了真实的信息，投资者判断错误做了投资，应该风险自负。

类似的情况还出现在299亿元现金莫名消失的康美药业，在

"爆雷"之后，证监会公布调查进展之前，其股价居然还连涨了3天，5月16日甚至是涨停收盘，中小散户热衷投机、痴爱"刀口舔血"可见一斑。

厨房有蟑螂，不会就一只

投资者要远离问题股，一个重要经验是，问题股的问题就像厨房里的蟑螂，只要出现一只，很可能就是一串。如何识别问题股，一般情况下可以先用几种简单的识别方法。

第一种是ST股，一个上市公司只要是正常经营的话，绝对不会被特别处理，被ST的公司往往是涉及的问题比较严重，投资者要远离这种公司。

第二种是年报被出具非标意见的公司，年报审计一般分四种：标准无保留意见，有解释意见或保留意见，否定意见和无法表示意见。除了第一种标准无保留意见外，其他三种都要警惕，这种非标审计意见的公司往往有很多的问题。当然即使是标准无保留意见的也要独立分析，也不排除偶尔有"爆雷"情况。

第三种是监管部门发出问询函，或通报批评、公开谴责的上市公司要警惕。特别是公开谴责、通报批评的公司，往往管理层有品质问题或者是公司经营有重大违规。

第四种是上市公司的主营业务经营不善，这样的公司也有很大的问题。一个连自己基本的主营业务都搞不好的公司,在其他领域出类拔萃的概率能有多大?

对投资者来说,敬畏风险要从事实出发,独立思考,不要受公司社会品牌传播的影响干扰。管理学有个著名的海恩法则,是指一个重大事故暴露出来之前,一定有多次的小事故,有300次左右的风险提示。以康美药业为例,实际上康美药业财报造假市场早有传言。2012年,《证券市场周刊》就发了一篇文章《康美谎言》,揭露康美药业涉嫌财务造假。2014年,投资者刘志清起诉康美药业财务造假,后被广东法院驳回。2016年,刘志清继续在北京中院起诉康美药业造假,后来又起诉到最高人民法院,虽然当时被判败诉,这一系列接二连三的事件其实就是风险警示。还有2019年5月暂停上市的乐视网,2015年牛市高潮的时候,华安基金的分析师杨晓磊就在电视节目中指出,乐视网涉嫌在超级电视销售数据上造假。2017年以后,央视财经频道《交易时间》节目里面也多次警示乐视网涉嫌欺诈。类似案例还有很多,只要投资者留心,上市公司在经营中的问题很难被长期掩盖。

对于上市公司财务造假传闻,投资者应认真对待,有时候要宁可信其有,也不可信其无。如果同时还出现以下问题:公司主营业务经营不善、负债率上升、毛利率下降、现金流大存大贷、激进式扩张等,投资者一定要警觉。

账上不差钱为何还要借钱

2019年5月，继康得新和康美药业之后，东旭光电和三安光电也收到证券交易所发出的问询函。深交所要求东旭光电对货币资金余额占净利润的比重等问题进行回复说明。上交所对三安光电下发问询函，涉及的问题包括现金充足为何还要大举借钱，资金是否存在被大股东占用的情况等。这两家公司都存在账上不缺钱、但负债却持续猛增的情况。

财报出现大存大贷现象的公司一般风险较高。简单来讲就是公司高比例存款的同时又有高比例负债，在财务报表上出现了大存大贷现象。东旭光电存款有198亿元，借款有203亿元。东旭光电2015—2017年3年时间4次向市场定向增发，一共融资200多亿元，虽然2019年一季报账面上显示有198亿元货币资金，但仍有计划发可转换债券继续融资。三安光电情况类似，2018年财报显示有40多亿元的存款，还有50多亿元的借款。

康美药业财报数字在没有被证监会立案调查之前，2016年以来的财务报表显示，每年的存款金额接近300亿元，贷款也有200多亿元。这种情况显然让人产生疑问，账上有这么多现金资产，为什么还要去借钱？

对患"融资饥渴症"的公司要警觉。有些上市公司患上了资金饥渴症，不停地从二级市场圈钱。资本市场向上市公司提供资金很正常，对优秀上市公司来说，从市场拿到钱之后，会逐步形成造血能力，随着项目的发展还能产生较好的回报给投资者。但一些上市公司，像乐视网，在上市后的前6年，定向增发向市场融资超过70亿元，另外通过发债借款有一两百亿元，一直是处在缺钱状态，很少用真金白银分红回报投资者。

问询函是风险提示函

随着交易所对上市公司监管的加强，交易所逐渐形成一种通过对存有疑问的公司发问询函的方式来提醒投资风险。在上市公司披露的所有财报中，有季报、中报和年报等，年报是唯一一份经过会计师事务所审计的具有法律效力的财报。上交所和深交所有专人分管3600多家上市公司，分行业进行统筹管理，一方面对这些公司的日常经营比较了解；另一方面通过"鹰眼"系统对财务数据进行预警分析。

交易所一旦发现年报中有异常信息，就会向相应上市公司发去年报问询函。一般人往往以为年报问询函只是发给上市公司的，其实更是发给投资者看的：这里看上去貌似有风险啊！

交易所对上市公司的问询函，如果涉及投资者持有的公司，投资者就应该及时关注。如果上市公司信息披露的解释仍存在疑问，那么交易所会继续接二连三地发问询函。比如，2019年5月交易所对康美药业的问询函提到，它2018年的存货有343亿元，相当于总资产的50%，既然有300多亿元的存货，为什么存货跌价准备只计提了5000万元，是否有虚增利润的嫌疑？还有交易所问询三安光电，公司财报显示有40多亿元的现金存款，为什么利息收入这么低？对这些问题的提问，实际上也在提醒投资者，要关注上市公司如何答复，从中发现是否存在风险点。

交易所为什么用问询函的方式提醒风险呢？因为在法院、检察院得出结论之前，证监会并没有资格认定上市公司是否存在财务造假，即便最终公司被坐实财务造假，相关处罚措施也是由执法部门来进行。

投资者对交易所问询函应主要关注两点。一是关注问询函提到的问题数量和金额。如果只是对少数问题提出质疑并且涉及金额不大，一般不会有太大问题。如果交易所提出的问题很多，涉及的金额较大，就要引起警惕。二是关注问询函里关键词的严重性。比如，交易所问完问题后，经常会跟上几句：是否存在利润调节的情况、是否存在关联方垫款的情况、是否存在关联方拆借资金的情况等，简直就是公开提示：贵公司利润有水分，财务风险大！

炒概念本质是击鼓传花游戏

2019年春天，随着市场情绪回暖和增量资金入场，除了炒作猪周期概念股以外，工业大麻概念是另一个游资追逐的热点，在一个多月的时间里,该板块指数涨幅超过70%。虽然深交所多次向顺灏股份、诚志股份等多家工业大麻概念股下发问询函或关注函,顺灏股份、诚志股份也回应称工业大麻相关项目对其2019年经营业绩不会产生较大影响,但仍难以阻挡市场的投机热情。

工业大麻概念反复被炒作,主要原因有两个。一个是A股市场以前没有工业大麻概念板块,只要以前没有炒作过,短期故事就难以证伪,估值和业绩等基本面因素就可以先放在一边。二是美股示范效应。2018年,美国有一家公司涉及工业大麻概念涨了10倍,前有车后有辙,慢半拍的A股2019年开始效仿。在2019年一季度A股反弹的背景下,很多资金由于误判形势而踏空,又不愿意为先进场的其他资金抬轿,于是抛开蓝筹股去找有故事的绩差股,工业大麻题材于是被游资选中。这和没有5G技术和产品的东方通信被当作5G概念龙头股炒作一样。类似的还有科创板概念、高科技概念的边缘计算、泛在电力物联网等。

炒概念在A股由来已久,从来不是新鲜事,其本质就是玩击鼓传花游戏。2017年4月炒作的是雄安概念,多个股票连续六七个涨停,有一个股票叫京汉股份,仅仅是因为在白洋淀有一个1000多亩地的项目,股价几天就涨了一倍多,最高涨到26元,一年以后股价又变成5元。2018年1月,游资狂炒区块链概念股,仅过了几个月之后,区块链概念股的股价就一地鸡毛。

分析概念股虽然要考虑市场情绪,但一定要和公司的基本面相结合。比如工业大麻这个概念，有些公司和工业大麻有些关系，有些根本就是捕风捉影。工业大麻并不是一个独有的或者被某家公司专享的一种产品，云南有企业在种植，黑龙江也有种植，吉林省也在规划相关项目。我们知道贵州茅台酒好，是和它独特的历史文化和地理位置有关；片仔癀毛利率高是因为它有独家配方专利；生产汽车玻璃的全球老大福耀玻璃，其市场占有率占全球汽车玻璃的60%，形成明显的规模竞争优势。但是工业大麻概念股并不具有这些特征，种植工业大麻只要取得许可证，门槛其实很低。工业大麻提取技术和新产品研发应用推广才是核心部分，被炒作的概念股显然还仅仅处在概念阶段。

市场自有其运行规律，炒概念最后往往是打回原形，这种现象在A股历史上屡见不鲜。1996年秋冬季出现了市场过热、垃圾股鸡犬升天的现象，当年的12月14日《人民日报》发表特约评论员文章《正确认识当前股票市场》，给股市降温，随后整个股市几乎连续3个跌停板，上证综指从1258点一直跌到800多点。短期来看市场干预有效，但是到了1997年5月，上证综指又创出1500多点的新高。同样的情况，在2015年6、7月份"杠杆牛"泡沫破灭时，上证综指从5100点跌到3800点，1个多月后上证综指就跌到了2850点。

因此，对于投资者而言，要敬畏市场，要树立价值投资、长期投资的理念，多关注企业的价值，少看行情，少去追涨杀跌。

业绩藏雷股的特征

每年 1 月 1 日—4 月 30 日是 A 股指定的年报业绩披露期，很多业绩平平或者比较差的公司往往会拖到年报披露期最后几天公布年报，但"丑媳妇最终要见公婆"，越到最后绩差股越会批量出现，公司越容易出现业绩大"变脸"现象，被投资者戏称为年报地雷。比如，2019 年 4 月 18 日西部矿业发布公告，2018 年度净亏损逾 20 亿元，一下子就亏掉了过去 7 年的净利润，而公司在 2019 年 1 月份发布的公告里还是预计获得盈利 1 亿元。

很多问题公司业绩不及预期，但是投资者可以通过研究提早发现一些不良信号，从而尽量回避风险。一般问题公司往往有这样几个特征。

一是净资产收益率偏低的热门题材股。

净资产收益率反映的是一个企业的赢利能力，是净利润和净资产之比，以此来评价一家企业综合赢利能力的强弱。证监会关于上市公司再融资的规定就明确要求，连续 3 年平均净资产收益率低于 6% 的公司不能再融资。净资产收益率长期低于 6%，说明它的基本赢利能力处在一种不及格的状态。好的公司净资产收益率平均一般在 15% 甚至 30% 以上，低于 6% 说明资产经营能力差。

净资产收益率比较低的个股如果被市场冠以某种题材短炒，

就像一个心脏不好、体弱多病之人突然亢奋、剧烈运动，风险系数就会大幅增加。2019年4月中旬，西部矿业发公告称业绩从盈利突然变成亏损，股价跌停，很多投资者措手不及。但如果投资者之前研究过它的财务报表，2015—2017年连续3年的净资产收益率平均低于3%，显然就不是一个好的投资标的。巴菲特持有的股票，净资产收益率都很高，往往达到20%以上。

截至2019年一季报，A股3年净资产收益率平均都在10%以上的公司有近1000家，好公司的股票池也不算小。

二是分红吝啬并且高管减持的公司。

公司长期不分红就是"耍流氓"，为什么这么说呢？公司长期不分红反映出了公司价值观和经营能力问题。分红指标是判断好公司的必要条件，一般而言，长期不分红或者是股息率很低的公司往往存在这样或那样的问题。比如赢利能力低下，利润未必是真金白银，可能是报表利润，还有的即使是挣到了钱但不分红，说明公司管理层回报股东意愿低。赢利水平低是能力问题，不回报股东是态度问题、价值观问题，所以那些长期不分红或者分红比例很低的公司，经营理念就存在偏差。像巴菲特的伯克希尔公司那样长期不分红但是资产回报率很高的公司，在全世界也没有几家，普通公司不能以此作为不分红的借口。

2019年4月，视觉中国因"黑洞图片"引发版权质疑，股价连续3个跌停让不少投资者蒙受巨大损失，如果单从财报上来看，视觉中国的业绩和成长性都还不错，但是如果投资者能注意到该公司 2014—2018 年这 5 年间的分红表现，就应该引起警觉了。这 5 年期间该公司分红过两次，每次每股的股息只有 4 分钱，这与财报上相对良好的业绩极不相称。视觉中国 2014—2018 年分红情况见表 6-1。

表 6-1 视觉中国 2014—2018 年分红情况

年份	2014	2015	2016	2017	2018
分红方案	不分红	不分红	不分红	10 派 0.42 元	10 派 0.46 元

相反地，一些蓝筹股和经营稳健的公司就大不一样，如福耀玻璃虽然上市以来募集资金才 7 亿多元，但 2000—2018 年 18 年分红派息达 130 多亿元；宁沪高速上市以来募集的资金是 6 亿多元，分红派息超过 200 亿元；贵州茅台上市 19 年募资 22 亿元，已经分红派息超过 750 亿元。从行业方面来看，银行、地产、家电等行业股息率比较高，业绩相对稳定，回报也好。

一家公司如果分红很少或者基本不分红，同时又出现高管减持现象，对这种上市公司更要警惕。高管纷纷减持，说明这个公司兑现收益主要是靠卖股票，长期持有者很难通过内在价值增长来赚钱。比如，东方通信暴涨之后，大股东就发公告称要减持不超过 2% 的股份。

三是公司主营业务复杂且赢利模式难以理解的公司。

像乐视网就是关联交易特别复杂，财务报表一般人很难看懂，对这种公司要警惕。复杂到甚至连专业人员也未必能看懂的财报，巴菲特认为只有一种解释：上市公司就没打算让你看懂。

还有公司提供的产品和服务存在争议，比如某些保健品，虽然很多人用，但是客户评价差异大，这样的公司还是谨慎投资为好。毕竟公司有了好的产品，还要有好的口碑，这样它的发展才会有坚实基础。

四是股价暴涨但业绩亏损的周期股。

周期股的主要特点是，供求关系呈现很强的周期性。行业景气度高的时候业绩特别好，利润高就会导致供给大幅度增加，从而逐渐实现供需平衡，利润又会逐渐降低，进而供大于求，最后导致企业亏损，而企业亏损后产量降低，产量降低后逐渐又供不应求。在这样一个轮回过程中周而复始，周期股往往是充分竞争行业，壁垒不高，很容易扩大生产满足需求。周期股的估值规律与一般股票不同，往往是在高市盈率时买入，低市盈率时卖出。

2019年从1月份开始，猪周期概念股受资金追捧，猪肉板块飙升，不到两个半月时间，猪肉板块23家公司平均涨幅超过75%，新五丰、牧原股份、正邦科技、新希望等7只猪肉概念股股价更是创出历史新高。

猪肉概念股上涨有一定的合理性，一方面是因为非洲猪瘟使得猪的供应减少。另一方面就是猪周期，猪周期一般是3年左右一个周期，上一轮猪周期高点时间在2016年5月，进入到2019年，一个新的向上的时间周期又开始了，这也是投资者做多的一个重要理由。但其实猪周期并不是一个新概念。改革开放40多年来猪周期经历了十几轮，有关部门对猪肉的供应变化有一定的应对举措，比如，在低位的时候有收购，在高位的时候也有库存抛售。同时，随着互联网的普及，一些大的养殖企业，也会提前做些预案，所以在2019年年初猪肉价格每公斤20元左右，会有一定的上涨空间，但是A股猪肉板块股价的波动幅度大大高于市场猪肉价格的波动。

2019年一季度，虽然猪肉价格有一定幅度上涨，但牧原股份、雏鹰农牧、温氏股份等从事生猪养殖的公司的业绩却继续亏损，精明的投资者往往在业绩不好时介入周期股，但是随着猪肉概念股的暴涨，股价也提前透支了未来的行情。

以资产管理能力比较好的牧原股份为例。2016年和2017年是它的盈利高峰，利润为23亿元左右，当时对应的市值是260亿元和600亿元，静态市盈率是12倍、25倍。2019年一季度，牧原股份的市值是1400亿元，如果按26倍的静态市盈率来算，它2019年应当盈利54亿元才能维持1400亿元的市值。而2019年一季报显示牧原股份亏损5亿多元，也就是说，在2019年剩下的三个季度里，牧原股份理论上要盈利60亿元左右才能维持市值。即使2019年牧原股份能够完成利润目标，但是高肉价显然不能长期持续。牧原股份2016—2019年估值情况见表6-2。

表 6-2 牧原股份 2016—2019 年估值情况

时　　间	市值（亿元）	净利润（亿元）	静态市盈率
2016 年	260	23.2	12
2017 年	600	23.6	25
2018 年	580	5.2	112
2019 年 3 月	1400	−5.4	—

对于周期行业，随着行业头部公司的竞争优势逐步形成，使得即使行业有机会，但个股未必"雨露均沾"。投资者以往喜欢炒行业板块题材，但随着互联网的普及以及投资理念的成熟，行业齐涨共跌、"雨露均沾"已经逐步成为过去式。

销售费用那么高，忽悠花了不少钱吧

2019 年 6 月到 7 月，财政部发布消息，将联合国家医疗保障局对 77 家药企进行会计信息质量检查。在检查的名单中，步长制药、复星医药、恒瑞医药等多家 A 股药企赫然在列。销售费用是这次检查的重点之一，包括销售费用列支是否有充分依据，是否真实发生，是否存在通过专家咨询费、研发费、宣传费等方式向医务人员支付回扣等。检查可延伸至关联方企业和相关销售代理、广告咨询等机构，必要时可延伸至检查医疗机构。年报数据显示，2018 年 A 股药企的销售费用达 2478 亿元，而研发费用仅 340 亿元。

药企的销售费用长期居高不下，一直为市场诟病。药企销售费用到底有多高？举两个例子就明白了，一个是长生生物，由于2018年违法，现在被强制退市。2017年，长生生物全年的销售收入是15亿元，其中销售费用就达到了6亿元。公司销售部门只有25个人，相当于这25个人每人的全年销售费用是2400万元，高得惊人。另一个是交易所问询的步长制药。步长制药2018年的年报显示营业收入是139亿元，而销售费用竟然达到80亿元，占比超过了58%。步长制药回复交易所问询函称，销售费用主要是在市场推广、市场调研、学术推广和学术赞助等方面，2017年一共进行了6万多场活动，所以花了80多亿元。有人计算了一下，步长制药为了花掉这80亿元，一年365天节假日都不休息，平均每天要举办各种活动169场，才能完成这样的一个销售费用支出，你信吗？

企业的销售费用如果占比特别高，它一定会压制其他项目的支出，比如研发费用。药企一般分为两类。一类是叫原研药企业，通过自己的原始投入研发、创新产品形成专利药的经营模式，等过了一定的专利保护期之后再放开专利保护。另一类药企是生产仿制药。我国大部分是仿制药企，原研药企的占比比较低。

根据上市公司298家药企的统计资料来看，研发投入占销售收入的比例超过10%的企业不到5%。298家企业里面，只有16家企业的研发投入占比超过15%。60%以上的企业研发投入不到5%。相比而言，英国、日本、法国企业非常注重研发，医药企业研发投入的销售占比,行业平均值超过了20%。全世界排名前50位的药企中,研发投入的销售占比平均是18%。而我国一些著名的大的原研药药企,比如华海药业、恒瑞医药、复星医药等,恒瑞医药研发投入的销售占比是15%,复星医药和华海药业只有10%左右,和国际同行业药企相比我国还有很大的差距。

一方面,通过对药企的财务检查,把药企虚高的销售费用降下来,把药价降下来施惠于民;另一方面,把这些费用投到研发上,来提高企业的竞争力。作为投资者,时刻关注药企的研发和推广费用,有助于穿透企业风险,同时发现优质企业。

自媒体"扒粪",专叮有缝的蛋

英国作家班扬在《天路历程》中描写了一个怪人:此君手拿粪耙,目不斜视,一门心思收拾地上的秽物,连天国的王冠也不稀罕。班扬的原意是讽刺那些只关注肉体而忽略精神的人。20世纪初,以斯蒂芬斯、贝克、塔贝尔等为代表的一批记者作家,痛感美国社会政治道德沦落,于是聚集在《角斗场》《世界主义者》等杂志麾下,向美国政商界各个层面的腐败弊端展开揭露和抨击。1906年4月,美国第26任总统西奥多·罗斯福借用这个典故,用"扒粪者"称呼当时大力揭发政坛黑幕的新闻工作者。

随着A股规模的扩大和自媒体公众号的活跃,很多问题公司被民间"扒粪者"曝光，而过去这种曝光往往是通过传统媒体和主流媒体。尔康制药、乐视网、莎普爱思、长生生物、神雾环保、神雾节能等，都是先被自媒体质疑，随后股价大幅下跌。不知道资本市场是"扒粪者"多了让人感觉"粪"变多了，还是因为"粪"多了让"扒粪"变得更容易了。

"扒粪者"喜欢关注的问题公司主要有三类。

第一类是财报数据不符合常识的公司。比如乐视网，2010年上市的时候它竟然是盈利的，因为2010年乐视网在视频行业公司里面综合排名第17位，前几位像爱奇艺、优酷、土豆网都是亏损的，而排名第17位的公司竟然是盈利的，显然与常识不符。

第二类是容易"爆雷"的公司。这类公司大多偏爱讲故事造题材，喜欢用高送转方式分红，但现金分红极少。这样的公司在次新股、小盘股和业绩平平的股票里经常出现。俗话说，画出来的大饼不能吃，等到故事讲完，股价就容易跌得一地鸡毛。

第三类是财务报表有高负债、高并购和高商誉的公司。高负债的公司因为企业的现金流紧张，资金链容易断裂。包括大股东高比例股权质押，一旦股价下跌幅度较大，就可能造成质押股票爆仓引发风险。质押爆仓股一旦被平仓，就会造成股价更大的下跌，股价越跌引发的爆仓盘越多，以至于形成股价循环下跌的死结，这种下跌方式在2015年7月股灾时期特别典型。高商誉的公司往往和并购有关，假如一家影视公司对某个名人的注册资金只有几百万元的公司用几亿元的价格来收购，这中间的差额就形成商誉，商誉需要用新收购公司的盈利来填平，而一旦收购的公司业绩不达预期，公司财报就会进行商誉摊销，就会导致公司业绩滑坡，股价暴跌。

赛马只是下注的题材

沉积了好几年的罗牛山 2018 年 5 月初突然发公告称，海南国际赛马娱乐文化小镇项目已获得《海南省企业投资项目备案证明》，项目总规划占地 500 公顷，建筑总面积 62.5 万平方米，用以建设海南国际马术中心、国际赛马公园等。该项目拟于 2018 年开工并于 2020 年建成，总投资额 287.8 亿元。受这一消息影响，罗牛山股价连续大涨，随后深交所向罗牛山发关注函，要求罗牛山就六项核心内容进行说明。罗牛山信誓旦旦回复关注函表示，项目符合国家政策，具备可行性，不排除存在项目资金不足、项目周期延长的风险，不过同时也承认信息披露存在瑕疵。

如果投资者仔细研读罗牛山关于建设海南赛马小镇的公告，里面有三处值得注意。一是信息披露的时间涉嫌违规，项目是在 4 月 26 日申请上报，4 月 27 日就获得核准，但是公司真正发公告的时间却是 5 月 8 日，相隔有 12 天的时间，信息披露严重滞后。二是内幕知情人买了 2600 股罗牛山股票，虽然股票不多，但是性质比较严重，且此人的身份也没有披露。三是公告提到，罗牛山的净资产只有 40 亿元，计划投资 280 多亿元上赛马小镇项目。对此投资者普遍质疑，"小马拉大车"会不会有风险？

赛马业从国内外实践来看，是一个投资周期长、不确定性很大的产业。香港赛马业发展了 100 多年，近几十年才走向规范和正规，纯粹赛马比赛和相关服务并不赚钱，赚钱主要是靠发彩票。香港从无彩票赛马到有彩票赛马，中间经历了 39 年时间。国内赛马俱乐部这些年的总数基本维持在 1000 家左右，最多的时候 2017 年有 1500 家赛马俱乐部，但 90% 以上都是亏损的。如果罗牛山借助在海南建自贸区的契机做这些项目，上市公司能否从中获得收益，最终还要取决于上市公司本身的经营能力。

对于罗牛山的经营情况，从财报上来看，2009—2017 年，9 年时间里如果扣除非经常性损益，净利润有 6 年是亏损的。如果从分红的数字来看，这 9 年只有 3 年分红，每次仅有 10 股派 0.2 元，9 年加起来的分红每股股票一共派息 6 分钱，股息回报其实非常低。而从净资产收益率来看，经营水平也是非常一般。这让投资者会不由自主地产生联想，以公司当前的经营管理水平能否抓住政策机遇改善盈利水平，显然都并没有多大把握。更让投资者担心的是，以罗牛山账面 40 亿元的资产和 6 亿元现金，即使加上其他方式募集的资金，做一个总投资额 287 亿元的项目实在是勉为其难。况且，罗牛山本身能占多大的投资比例，能够取得多少投资收益，能够给投资者带来多少投资回报，这些问题更是遥不可及，闻讯而涨的股价显然只是有资金借机短期炒作而已。

真相来了！骑师比马跑得快

罗牛山不仅在海南养猪，还要赛马，虽然马的影子还没见着，股价就已经猛蹿。两个月后，股价大涨的实际得利方终于浮出水面，领头的"骑师"罗牛山大股东突然发公告称减持。虽然两个月前感觉赛马题材可能涉嫌炒作，但是从当时的证据来看，并没有发现谁是最大受益方，2018年7月罗牛山发布的几个公告终于让真相浮出了水面。

看点一：罗牛山的职工持股。董事长曾经承诺过兜底增持，具体内容包括在2017年增持本公司的股票，如果一年后减持出现亏损，将由董事长来补偿。根据股东资料，这一部分股票只有7万股，涉及的资金只有49万元左右，对于股价大涨，显然这7万股不是主要的受益部分。

看点二：实控人董事长宣布5190万股股票计划减持。这批股票是在2016年和2017年实控人通过两个投资计划增持的股票。当时的成本是每股6元多一点，总成本在3亿多元。如果按2018年7月的11元多的价位进行套现的话，市值有6亿多元，账面获利就超过两亿元，不到两年时间就盈利近80%，收益丰厚堪比"股神"。

从罗牛山的案例可以看出，投资者追捧概念，让大股东赚得盆满钵满。A股炒题材、炒概念由来已久，细数多年来的炒题材行情，中小投资者往往是"挨打的多、吃肉的少"。2013年9月上海自贸区概念炒一波，短短一个月很多股票翻倍，"领头羊"外高桥，股价从 20 多元涨到 60 多元，可是不到一年时间，股价又跌回原形。2017 年清明节之后，借助于政策利好，炒雄安概念又来一波行情，短短两周时间很多股票翻倍，同样好景不长，股价不久以后又跌了回去。

曾有投资者问巴菲特，价值投资理念简单，也不用频繁操作，而且从长期看赚钱的概率确实比较大，但为什么人们都喜欢短炒呢？巴菲特耸肩摊手回答：人人都认为自己聪明，没有人愿意缓慢致富。

商誉是颗定时炸弹

商誉是指购买方支付的超过被购买方净资产价值的部分，只在企业合并中产生。商誉可以分为自创商誉和合并商誉。根据会计准则的规定，自创商誉在会计上不予确认，不列入资产；合并商誉在企业合并过程中产生并予以确认，列入资产。简单打个比方，一家影视公司看中一个知名影星自己的公司，虽然该公司净资产只有 800 万元，考虑到该影星的市场价值和号召力，影视公司愿意用 8 亿元资金来收购，于是超过 800 万元的部分有 7.92 亿元，这在财务报表上就体现为商誉，需要该影星的公司在未来约定的时间内盈利超过 7.92 亿元来摊销商誉，假如被收购的公司没有赚到钱，那么这 7.92 亿元要在约定到期后以成本摊销，收购方业绩因此会受很大影响。

A 股存量商誉的快速累积始于 2014 年的并购潮。上市公司并购数量在 2014—2015 年期间井喷，两年间重组案件数增加了 237%，总金额增长 355%，创业板公司是新增商誉的主力。并购潮的结果导致 A 股总体商誉从 2013 年年底的 2034 亿元增长至 2018 年第三季度的 14 484 亿元，创业板的商誉从 2013 年年底的 149 亿元增长至 2018 年第三季度的 2761 亿元。创业板中传媒、TMT（科技、媒体和通信）和医药生物等行业面临的商誉减值压力最大。

商誉引发的投资"黑天鹅"虽然很难预测，但可以预防。防范商誉减值风险，一般要回避在频繁高溢价收购之后又处在对赌期末期的公司。在欧美成熟市场，一般出现并购重组，往往股价会下跌，投资者往往会规避公司并购后的整合风险，经过一段时间验证后，如果业绩表现良好，股价才慢慢回升。而 A 股的投资者往往是有并购题材就炒作股价，一段时间后如果业绩不及预期，股价就会暴跌。

对于出现商誉问题的公司也分几种情况。

第一种类型是上市公司想把主业做好，但是方法不对。比如，热衷于高杠杆到处收购，结果由于财务激进、负债过高，在宏观去杠杆的情况下资金链断裂。2018 年的年报中很多公司上演业绩大"变脸"，多数就属于这种情况，这种公司如果想翻身改变被动局面，可能还需要经历一段艰难的时间。

第二种类型是公司的大股东和高管有意利用上市平台进行资本运作，包装概念花样收购，什么热就做什么，推升股价，高位减持跑路，一旦到玩不下去的时候就会出问题。

第三种类型是公司主营业务良好，公司现金流也健康，但收购之后受累于经济下行或产业周期衰退，主动进行财务"洗澡"，大笔摊销商誉导致业绩出现亏损，这种公司如果股价出现大幅度下跌，反而可能是一个买进机会。

退市玩真的！ST公司是高发区

ST公司就是股票交易被特别处理的公司，每天股价的波动幅度限制在5%以内。ST股票板块从1998年设立以来，主要是为一些财务异常的公司准备的，包括这几种情况：第一种是财务报表连续两年以上出现亏损的公司；第二种是注册会计师年报审计出具否定意见或者是无法表示意见的公司；第三种是每股净资产跌破面值的公司。除此之外，如果公司出现了重大违规违法行为对社会影响较大，也可能会被特别处理。

从这几项成因来看，ST板块的公司基本面确实有很大问题，炒作ST股往往缺乏基本面支撑。以前很多投资者喜欢炒ST股，主要是股价看上去便宜，同时貌似虽然要退市，但是由于当时上市公司稀缺，很多优质公司还没有上市，或者上市各种成本过高，于是 ST 股就存在壳资源的价值，很多想上市的公司会借壳上市把它买下来。因此 ST 公司不管业绩如何总会有资金关照，每次行情一来所有股票轮番炒一遍。一些公司即使是连年亏损，也总有资金来接盘或重组借壳上市，乌鸡变凤凰，股价也一飞冲天，久而久之培养了一批股民炒壳队伍，成为 A 股市场一道独特风景线。再加上地方政府由于本地上市公司比较少，出于 GDP 政绩考核等原因，会对濒危公司进行扶持、税收减免或者资产注入，于是 ST 股就变成"不死鸟"，退市后又回到市场。

2018 年以来，A 股退市力度加大。仅 2019 年前 10 个月，就有 *ST 雏鹰、*ST 华信、*ST 印纪等多只股票因股价 20 个交易日低于 1 元而退市，ST 长生生物也因为危害公共安全而退市。

用脚投票见效，一元股退市风险大

A 股历来有炒新、炒小、炒差、炒问题股这样的传统，尤其是新股民喜欢价格便宜的股票，却不知这里面隐含着巨大风险。2018 年，A 股第一家因为连续 20 个交易日股价不足 1 元的中弘股份退市，直接暴露了炒低价股的风险。因中弘股份退市，1 元的价格将会在交易中对离 1 元不远的公司产生虹吸效应，很多投资者会选择抛售股票来回避退市风险，从而造成股价加速下跌。

中弘股份之前的一些退市股，或是因为上市公司重大违法违规,或者因经营能力低下造成连续亏损而退市。中弘股份的退市,开启了市场因为交易价格原因导致企业退市的先河,让垃圾企业和僵尸企业风险陡增。

除价格低于1元外,还有在120个交易日之内,如果成交量低于500万股,也就是说,如果每天平均成交量低于4万多股的话,也有退市风险。一些上市公司利用高送转来炒作股价,频繁送转股后股价太低,就可能带来新的退市风险。比如中弘股份,上市时公司的总股本是9000多万股,退市时总股本已达到82亿股,主要是因为增发和连续5年高送转所致。打个比方,一个公司业绩平平,在市场的交易价格是4元钱,假如连续两年高送转10股送10股,第一年10股送10股后,股价就会摊薄成2元钱,第二年10股送10股价后,股价就会摊薄到1元钱左右。此时,如果出现利空消息股价跌破1元钱,并且1元之下持续超过20个交易日,就会被退市。所以如果盈利跟不上,还热衷于实施高送转炒作,就会给公司未来留下隐患。

股票价格是高是低并没有直接意义,要看价格与价值的比较,只有价格低于价值对投资者来说才是机会。一般而言,投资的风险主要来自两个方面:第一个是在投资中永久损失本金的风险;第二个是投资回报不及预期的风险。价格只有1元多的股票看上去是很便宜,但是如果退市或者破产,损失本金的风险反而更大。所以,投资者关注的核心应该是公司价值。

高送转一文不值,还会弄巧成拙

高送转是 A 股多年来的一个重要炒作题材,每到公司年报发布季,就有不少资金兴风作浪炒作高送转题材。送转股的数量也不断刷新纪录,从最多的 10 股送 10 股一度扩张到 10 股送 30 多股不等。从财务角度来看,高送转其实就是公司财务报表里的一个科目调整。打个比方,高送转每 10 股送 10 股对投资者的意义,相当于一张 100 元人民币换成两张 50 元人民币,上市公司的价值并没有增加,也不会对公司主营业务和客户数量带来提升。例如,巴菲特管理的伯克希尔公司,每股股价已经涨到 30 万美元以上,从没有实行送股或拆分股票。后来因为股价太贵,很多投资者虽然看好公司,但仍买不起 1 股股票,为了方便股东降低投资门槛,伯克希尔公司专门发行了伯克希尔 B 股,价格相当于正股的 1/1500。

随着 A 股监管的进一步完善,2018 年 11 月,沪深交易所正式发布《上市公司高送转信息披露指引》的文件,算是给高送转戴上了"紧箍咒"。文件的主要内容有两个方面。一是高送转要与公司的业绩增长挂钩,高送转的比例不得高于公司最近两年的年复合收益增长率。比如,如果一家公司最近两年的净利润年复合增长率是 30% 的话,那么它的送转股比例不得高于 10 股送 3 股。二是针对公司资产重组或者定向增发会造成业绩大幅增长能否高送转,也有规定,高送转的比例不能超过年末净资产与年初净资产的增长比例。另外,如果董监高或者控股股东在过去 3 个月和未来 3 个月有减持计划,则不得进行高送转。同时,在高送转披露之后,未来 3 个月甚至半年内是否有重要股东减持也需要披露。有了这些具体规定之后,董监高以及大股东等内部人借高送转题材减持股票就不那么容易了。

高送转公司股价的表现到底怎样?表 6-3 统计了 2016—2017 年的相关数据,进一步证明高送转炒作从长期来看并不能明显推升股价。

表 6-3　2016 年高送转股前五名股价表现

股票名称	送转股方案	股价区间涨跌幅度（%）
易事特	10 股转 30 股	-69.5
兆新股份	10 股转 30 股	-58.3
南威软件	10 股转 30 股	-55.1
大晟文化	10 股转 30 股	-43.8
天润数娱	10 股转 30 股	-43.4

注：股价从除权日开始截至 2018 年 11 月 25 日。

在 2016 年年度分红高送转前五名的公司中,高送转方案均为每 10 股转 30 股。其中,易事特为当年高送转首位,自 2017 年 4 月 7 日除权除息后的涨跌幅为 -69.5%;大晟文化自 2017 年 6 月 9 日除权除息后的涨跌幅为 -43.8%;南威软件自 2017 年 4 月 7 日除权除息后的涨跌幅为 -55.1%;天润数娱和兆新股份除权除息后的涨跌幅分别为 -43.4% 和 -58.3%。而同期上证指数的跌幅是 20% 左右。

2017 年高送转前五名股价表现见表 6-4。在 2017 年高送转前五名的公司中，数知科技为 2017 年高送转首位，当年高送转方案为每 10 股转 18 股，自 2018 年 4 月 27 日除权除息后的涨跌幅为 –46.9%；皮阿诺、洁美科技、赢合科技 3 家公司 2017 年中报高送转均为每 10 股转 15 股，自 2017 年除权除息后的涨跌幅分别为 –59.9%、–21.9%、–31.9%；花园生物 2017 年度分红高送转，自除权除息后涨跌幅在 –33.2%。

表 6-4　2017 年高送转前五名股价表现

股票名称	送转股方案	股价区间涨跌幅度（%）
数知科技	10 股转 18 股	–46.9
皮阿诺	10 股转 15 股	–59.9
花园生物	10 股转 15 股	–33.2
赢合科技	10 股转 15 股	–31.9
洁美科技	10 股转 15 股	–21.9

注：股价从除权日开始截至 2018 年 11 月 25 日。

数据证明，高送转从长期来看对股价影响很小，股价是随着业绩增长而上涨的，业绩如果跟不上，热衷于高送转的公司短期对股价或有效，长期反而很容易给自己帮倒忙。2018 年，中弘股份因股价跌破 1 元而退市，除了经营不善外，之前连续多年的高送转也算是给自己挖了一个坑。

第七章

新市场 新策略

查理·芒格——

宏观环境无法避免，微观环境大有可为。

MSCI 资金的新玩法

美国明晟公司（又称摩根士丹利资本国际公司）简称 MSCI，2018 年一季度公布半年度指数审议结果，将 234 只我国大陆 A 股股票纳入 MSCI 国家指数投资体系，所有调整结果在 2018 年 5 月 31 日收盘后实施，6 月 1 日正式生效。据估算，按 5% 的因子纳入 MSCI 国家指数后，将给 A 股带来的潜在资金规模超 200 亿美元。2019 年 5 月，MSCI 国家指数又将 A 股纳入因子提高到 10%，并在 2019 年内将纳入因子比例提高到 20%。A 股被纳入 MSCI 国家指数如果从更广阔的视野看，新资金对市场的影响将远远不止这些。

韩国和我国台湾地区纳入 MSCI 国家指数时的市场走势可以作为参考。1992 年韩国股市被纳入 MSCI 国家指数，当时纳入因子是 20%，当月韩国股市上涨了 7%，在随后的 3 年韩国股市涨幅超过 60%，展开了一波大牛市。我国台湾地区股市在 1996 年被纳入 MSCI 国家指数，初始的纳入因子是 50%，当月台湾股市涨幅超过 5.7%，随后两三年时间，台湾地区股市从 6000 多点一直涨到 10 000 点左右，涨幅也超过 60%。从韩国和我国台湾地区股市的历史来看，MSCI 国家指数新资金的流入推动了当地市场的牛市行情。

MSCI 国家指数还会带来当地市场投资者结构的变化。韩国股市从 1992 年部分被纳入 MSCI 国家指数到 1998 年全部市场被纳入时，外国投资者持股金额的市场占比已经达到 18% 左右。到 2013 年，韩国股市外国投资者和外国机构投资者的持股占比已超过 32%。我国台湾地区股市 2015 年的数字显示，外国机构和个人投资者持股金额占台湾股市市值的 36%。根据 A 股的统计数据，2018 年 3 月，外国机构和个人投资者持有 A 股股票总金额在 1.2 万亿元，占 A 股流通市值的 2.7% 左右，到 2019 年 3 月底，外资在 A 股的持股金额已经上升到 1.68 万亿元。

如果以韩国和我国台湾地区的数字作参考，外资在 A 股未来还有很大的提升空间，甚至会有 10 倍以上的增长。MSCI 国家指数纳入 A 股之后，A 股在估值、换手率和波动性等方面都会向国际市场靠拢。

从市盈率角度来看，韩国股市在被纳入 MSCI 国家指数后，市场估值在 20 倍市盈率左右，后来市场基本上一直维持在这个估值标准附近，波动性不是很大。我国台湾股市在被纳入 MSCI 国家指数之前市盈率有 30 多倍，后来慢慢下降到 20 倍市盈率左右。2018 年年底，A 股沪深 300 指数的平均市盈率是 13 倍，创业板市盈率是 57 倍左右，中小板市盈率在 34 倍左右，预计以后主要指数也会逐步向 20 倍市盈率区域靠拢。当市场平均估值高于 20 倍市盈率时，就可能存在高估风险；而低于 20 倍市盈率时，可能就是相对较好的机会。

从换手率的角度来看，A 股自成立以来换手率都偏高，我国香港股市平均每年的换手率是 100%，A 股的换手率是 300%～400%，美国股市换手率在 200% 左右。随着长线资金和国际资金的进入，A 股换手率必然呈现一个逐步下降的趋势。这对投资者有两点启示：第一就是指数化投资会受到追捧，投资者更加关注相对收益，也就是参照指数涨跌幅来评判投资成绩。比如，上证综指 2018 年全年涨跌幅是 –27%，也就是亏 27%，如果某私募基金产品的收益是 –15%，也就是说亏损 15%，那么这个私募产品的收益跑赢了上证综指 12 个百分点，业绩还是不错的。第二是很多投资者将会减少短线交易，从而关注公司基本面进行长期投资和价值投资。

MSCI 国家指数新资金还可以促进 A 股其他制度层面的变革，比如停复牌制度改革。MSCI 国家指数进入 A 股前后，A 股长期存在的任性停牌顽疾有了很大改进，证监会也制定了有关 A 股停复牌制度的新规。在首批拟纳入 MSCI 国家指数的 234 只股票名单里，最终确定的是 226 只。东方园林、海南橡胶、中国中铁、中兴通讯等都是因为停牌时间过长被从 MSCI 国家指数名单中剔除。煤炭板块的中国神华没有被纳入 MSCI 国家指数名单，也是因为在2017年因收购重组事项停牌时间过长。

在内外资互联互通方面，也就是国际资金与国内资金的进出通道上，通过放开和放宽渠道使资金进出比以前更方便，MSCI国家指数进入A股推动了新资金双向流动的制度安排。

尤其是在投资理念上，MSCI国家指数投资标的入选标准严格、细致。一是符合价值投资和长期投资的蓝筹股，要求主营清晰稳定，经营能力强，股息率高。外资更加注重风险防范，讲求长期回报。二是要求股票有较高的流动性。入选标的总市值基本都是市值在200亿元以上的公司，这和A股市场过去的炒短、炒新、炒差风格显然不同，MSCI国家指数的这些投资风格将深刻影响A股的投资生态圈。

观察政策信号和资金信号

A股老股民过去有一个经验：戴花要戴大红花，炒股要听党的话，宏观经济和政策信号是投资者最先需要关注的。A股历史上，政策面曾多次主导市场行情走势，比如，1999年的"5·19"科技股行情，4万亿元投资引发的2009年股市大反弹，2014—2015年杠杆牛行情等，无一不和政策面息息相关。

2019年三季度，A股开始出现了一些积极信号。政策方面，先是证金公司下调转融资费率80个基点，随后沪深交易所将两融标的从950只扩大到1600只，还取消了130%的担保下限。资金方面，央行继续实施降准并通过贷款基础利率LPR引导实际利率走低，MSCI国家指数公布指数成分股调整结果，确认继续按计划调高A股纳入因子的比例，还有险资和产业资本入市节奏加快等。

政策信号往往代表监管层的态度。证金公司宣布将转融资的费率下调80个基点显然是鼓励市场加杠杆，证金公司2014—2016年期间曾有过下调转融资的费率，随后市场出现了一波比较大的行情，下调费率是监管层对市场传递的政策信号。沪深交易所将两融标的从950只扩大到1600只，同时取消了130%的担保下限，让券商根据实际情况自行决定担保比例，这些也显示了监管层对市场资金入市的态度。

MSCI国家指数宣布把A股的纳入因子从10%提到15%，外资对A股的兴趣越来越浓。MSCI国家指数自2018年6月1日之后把A股正式纳入它的投资体系以来，2019年5月份从5%的纳入因子提到10%，在8月份提高到15%，并在2019年11月份又将纳入因子提高到20%。英国富时指数在2019年9月将纳入因子从5%直接提高到15%。标普500道琼斯指数更是迫不及待，在2019年9月23日一次性把A股纳入因子提高到25%。

外资为什么要加速流入中国？主要有两个原因：一是中国是世界第二大经济体，经济体量庞大，而且涌现了一大批值得投资的优质公司。在2019年7月公布的全球500强公司里，中国公司上榜最多达129家，超过美国的121家。二是中国大公司的估值还比较便宜。2019年三季度，上证综指的平均市盈率只有12.5倍，沪深300指数的市盈率是11.7倍，同期美国标普500的市盈率是21倍。

银保监会在2019年也多次喊话，研究调高险资入市资金上限。在政策支持下，2019年险资在二级市场逐步开始活跃，在股市掀起增持潮，频频触及5%的举牌线。中国人寿相继举牌申万宏源、万达信息、中广核电力、中国太保；中国平安也举牌了华夏幸福、中国金茂。数据显示，截至2019年3月31日，保险资金可供投资的资产是17万亿元，如果按30%的比例入市的话，金额将达到5万多亿元。而在2019年一季度，保险资金实际在A股持有证券基金或者证券的总值刚刚超过2.1万亿元，占险资总资产的比例是12%。一旦保险资金的比例上调或加大市场资金投入的话，对A股的资金供给端影响是非常大的。除了险资，其他各路资本也频频举牌，到2019年第三季度，A股已有20多家上市公司被举牌。从产业资本来看，TCL举牌上海银行，格力集团不断增持长园新材，这些都是各路资本对A股看好的一个信号。

从险资和外资买入A股的情况来看，主要以大盘蓝筹股为主。险资更多偏爱金融、地产，如招商银行、平安银行、万科、金融街等公司，经营稳定，股息率高，行业龙头地位稳固，适合长期投资。2018年以来，大市值流通好的蓝筹公司和部分行业龙头公司反复上涨，而一批小市值绩差公司的股价则反复下跌，价值回归，这当然和以MSCI国家指数为代表的外资选股风格有关。投资者过去长期习惯于炒小市值股和低价股，只是A股发展历史上早期不成熟的一个阶段性表现，投资蓝筹股和大市值公司才是未来的趋势。

投资要有前瞻性，春江水暖鸭先知。从资金方面来看，从海外资金、险资到产业资本连续踊跃入市；从政策方面来看，央行降准和降息有序推进,证金公司已将转融资的费率降低80个基点，沪深交易所将两融标的从950只扩大到1600只，而且还取消了130%的担保下限，这些都是政策面鼓励资金入市的信号。2019年8月，桥水基金首席投资官达里奥都在喊话：投资有风险，但如果不投资中国的话会更危险。

A股10年不涨？指数编制有欠缺

上证综指从2007年到2019年，基本是围绕3000点上下波动，有人戏称10年涨幅为0，很多人都怀疑，价值投资这一套理论方法在中国股市是否有用。

说A股指数10年不涨，很多人都是以上证综指做对比。但是上证综指在2008年这一年的波动是很大的，2008年1月份指数最高是5500多点，到2008年11月份指数最低只有1700点，这就要看你如何选取对比点了。如果选择2008年1月与2018年1月的平均指数5300点与3300点，跌幅近40%，显然指数10

年跌幅比较大。如果对比2008年9月5日与2018年9月5日的股指数据，上证综指分别是2202点与2704点，10年来上涨22.8%。样本不同，结果也大不相同。

投资者喜欢拿2008年的3000点和2018年的3000点左右进行对比，指数10年不涨，这个新闻卖点容易吸引眼球，但还需要了解上证综指编制的特殊性。上证综指是以上海证券交易所全部的股票作为标的进行编制，其中不包含深交所的创业板、中小板和一些小股票。上交所的股票是以发行数量为主要权重来编制的，如工商银行、农业银行、中石化、中石油等发行量很大的公司权重就比较高，对上证综指影响大。大型国企权重股由于融资需求大，往往在牛市高峰期才能顺利发行上市，特别是2007年下半年5000点前后，大盘国企股纷纷上市，不久以后牛市转熊市，股指就一路下跌拖累大盘。加上2007年前后是周期性行业国企的盈利高位，市场情绪又处于牛市亢奋状态，使得这些公司的估值泡沫非常严重。比如，典型的3家公司中国铝业、中国石油和中国神华，2007年中国铝业上市时市值是9000亿元，到2018年跌得只有500亿元；中国神华2007年上市时市值是1万亿元，2018年只有3000亿元；中国石油2007年上市时市值最高时是8万亿元，2018年市值只有1.5万亿元左右。这3家公司的市值10年后缩水近80%，严重拖累了上证综指，造成指数失真。如果剔除类似的"拖油瓶"公司，剩余公司的加权价格指数至少可以提升25%。

从上证综指的行业和结构来看，银行业占比21%，非银金融占比9%，这两项加起来金融业的权重是30%。大金融股的成长性一般，加上煤炭、钢铁、有色金属等一些周期性很强的重资产公司成长性也一般，这些因素导致以上证综指为参照对象的涨幅确实不大。但同样的时间里，沪深300指数上涨了51%。国证A指数涨幅是107%，中证1000指数的涨幅更是接近158%。2008年9月—2018年9月部分指数涨幅见图7-1。

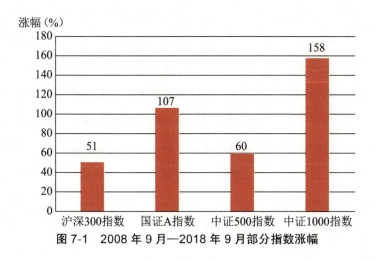

图7-1 2008年9月—2018年9月部分指数涨幅

以中证500指数为例，10年的涨幅是60%。中证500指数的选股是剔掉ST股、问题股和一些违规或异常交易的股票之后，按活跃度进行排序。比如，在3500家公司中，把成交活跃的股票按排序取排名在第301名到第800名的500家公司作为成分股，这样就排除了一部分由于特殊情况异常活跃的公司，或者超大的公司，也排除了一些不活跃的僵尸公司。中间的这批公司成长性较好而且规模适中，从中证500指数这10年的涨幅来看，指数上涨已超过60%。

这10年，美国股市三大指数涨了两三倍。以道琼斯指数为例，它从1896年开始设立，以30家公司作为成分股组成指数。道指不是固定不变的，而是不断新陈代谢、优胜劣汰，把每年表现不佳的公司剔除掉，然后换上表现好的能够代表未来的公司。2018年6月份，连续存在100多年的道琼斯指标股"常青树"——通用电气也被剔除掉了，是因为通用电气业绩连续下滑。虽然道琼斯成分股不断更新，但有时候也会出现长时间指数不涨的现象。1965—1980年这15年里，美股其他指数也是长期徘徊，而这期间美国经济实际上每年增长超过3.2%。一直到1980年里根政府上台实行供给侧改革之后，美股才走入上升通道。2008年，亚洲金融危机后的美股浴火重生，良好的公司治理结构和强大的科技竞争力，让以苹果、亚马逊、微软、谷歌等为代表的一大批核心公司脱颖而出，从而带动美股大涨。

此3000点非彼3000点

虽然超过10年，A股还在3000点徘徊，但是此3000点已经非彼3000点了，年年岁岁花相似，岁岁年年人不同。从A股上市公司的家数来说，2007 年 A 股有 1400 多家上市公司。到 2018 年已经发展到 3600 家左右，增加了 2100 多家。10 年来，A 股虽然说上证综指还在 3000 点，没有涨高，但是整个规模已经明显增长。与 10 年前相比，A 股还有两个明显的特征：一是 A 股的估值泡沫明显下降；二是 A 股的国际化节奏加快。A 股的估值泡沫下降非常明显，2007 年 2 月，A 股估值平均是 30 倍左右的市盈率，到 2018 年，上证综指的市盈率在 13～14 倍，已经大幅度下降。这个估值比平均估值 23 倍的美国市场还要便宜很多。同时 A 股的股息率也大幅增加，2018 年 A 股的现金分红已经超过 1.1 万亿元，股息率超过 2%。A 股虽然"个头"没有长高，但"体重"明显增加，比以前变得强壮了。

打个比方，如果把 A 股 3600 多家公司看成一个大企业的话，2018 年在沪指 3000 点的位置，这个企业的基本面是这样的：负债率是 60% 左右，净资产收益率是 7.8%，市净率 2.3 倍，市盈率 16 倍，虽然估值不高，但净资产收益率也不高，这反映出整体盈利能力并不强，在这种情况下，要求它出现连年上涨大涨并不现实。

少盯指数，多看价值

很多投资者都喜欢大谈宏观基本面如何如何，GDP 增速上升还是下降，PMI 指数在 50 之上还是 50 之下等。这些固然需要了解，但是这些大的因素对于公司的影响可能并不大，而且同样的消息对于有些企业可能是利空，而对于另一些企业可能是利好。比如，房地产调控限制再融资，对于高杠杆、高负债的公司就是利空，而对于现金流充裕的大型房企反而是利好，因为它可以借机收购那些活不下去的公司。

查理·芒格曾说，宏观环境无法避免，微观环境大有可为。意思是对于所有投资者，宏观经济环境都是公平的，大家面临的国际和国内经济状况都是一样的，宏观因素如何传导到微观领域，在多大程度上影响微观领域，很难准确量化，成功的关键在于每个人是否能够根据具体情况来把握具体机会。比如，同样是买中石油股票，巴菲特大量买进中石油的成本平均只有1.6港元左右。2000年年初，中石油本来计划在内地上市，因为上市股本大、融资多，A股市场不能承受这样的巨无霸IPO，中石油后来被迫选择在香港上市。2000—2003年期间，香港股市恒生指数从16 000点一直跌到8000点附近，在低迷的市场中巴菲特发现了中石油的投资价值，于是随后开始大量买进。2003年春的香港，和内地一起遭遇"非典"疫情，投资者都很恐慌，两地股市也曾因此出现大跌，恐慌时刻巴菲特并没有被受疫情影响的宏观经济所吓倒，而是不停地买进便宜的中石油股票。"非典"过后的中国经济继续高速增长，2007年A股和港股出现大牛市，市场人声鼎沸，投资者争相入市。2007年10月份，当中石油H股涨到14港元左右的时候，巴菲特把他持有的23亿股中石油全部卖完，持股4

年多时间获利 7 倍。由于当时国际油价维持在每桶 100 美元上方，投资者对中石油股票仍充满乐观期待。2007 年 11 月 5 日，中石油 A 股上市，投资者纷纷买入，当天开盘价高达 46 元，最高冲到 48 元，但第二天中石油股价就开始下跌，一年后的 2008 年 11 月，中石油股价已经跌到每股 11 元附近，投资者亏得惨不忍睹。从这个例子来看，同样的投资标的，在微观企业分析上的不同，很多投资者最后只能是"问君能有几多愁，恰似满仓中石油"，而巴菲特却成为投资中石油的大赢家。

还有很多人说，巴菲特是外国股神，那么国内 A 股能找到不管宏观经济、只关注微观企业的投资成功案例吗？其实 A 股照样也有。2013 年 12 月底，云南白药准备庆祝自己上市 20 周年，需要找一位中小股东代表发言，董秘察看云南白药 20 年的股东名单时发现，竟然有一位投资者从 1993 年 12 月起买入云南白药之后，持有 20 年一股没卖，这个人就是林园。20 年宏观经济风风雨雨，好消息坏消息伴随着股东走马灯似的轮换，而林园只关注云南白药的企业价值，20 年的坚守换来百倍收益回报。在 A 股并非只有一个云南白药，类似的公司有很多很多。所以在行情不好、大众恐惧的时候，投资者用什么方法来理解自己的投资，来面对市场的波动，决定了他最后的投资结果。

人多的地方要少去

2019年7月下旬，涪陵榨菜中期财报公布，业绩不及预期，股价大跌，给如日中天的消费股当头棒喝。此时的白酒板块动态市盈率TTM中位数已达36倍，性价比已经不高。食品饮料指数动态市盈率TTM中位数也超过了30倍。大消费不便宜，但市场在纠结犹豫，是延续2019年年初以来大消费和核心蓝筹板块上涨，还是能够挖掘新的一个领涨板块？贵州茅台和五粮液市盈率超过30倍，食品饮料行业一些比较优秀的股票估值偏高，如海天味业58倍的市盈率、恒顺醋业40多倍的市盈率，由于前期涨幅大、估值高，从而吸引力明显下降。

相对于大消费板块受热捧，大金融和地产板块的估值却比较低，如银行板块平均市盈率只有6倍，而且33家银行里面有21家银行股都跌破净资产，破净最严重的6家公司，公司市净率是0.6倍，相当于净资产打六折卖。银行板块还有一个明显优势就是股息率高，普遍都超过3%。保险板块只有9倍的市盈率，券商是16倍市盈率，大金融这三个板块的估值基本上都在历史的偏低位置。房地产板块估值低，平均不到12倍的市盈率，不少房地产公司股价也跌破了净资产，被市场冷落。

有些传统行业，比如，煤炭行业只有8倍市盈率，钢铁行业是12倍市盈率，而宝钢股份2019年的股息率已经超过8%。

做投资风险收益比很重要。从这个角度来看,金融地产和传统行业的一些龙头股体现出配置价值。投资其实是对风险和收益平衡的一门艺术,再好的股票如果其股价连续上涨,对应的风险也会增加。即使是传统行业,股价下跌、估值企稳的话也会有配置价值。在科创板开市后交易火热,市场对于大消费白马蓝筹的配置期望偏高的情况下,一定要牢记那句投资智慧格言:别人贪婪我恐惧,人多的地方要少去。

假如巴菲特买A股,会买什么

2019年以白酒为代表的消费股的表现一马当先,在股市的表现可圈可点,而兼具投资与消费属性的房地产行业却告别显贵退居幕后,在"房住不炒"的政策背景下地产股明显滞涨。到2019年8月底,酿酒板块指数涨幅超过100%,食品饮料板块涨幅达70%,而房地产板块涨幅仅为11%,前十大地产上市企业的总市值为1万亿元左右,而前十大食品消费上市企业总市值已经达到3.3万亿元。特别是海天味业的市值力压A股地产行业的龙头万科,到2019年8月底,海天味业总市值突破3000亿元,以3096亿元市值超过了万科180多亿元。

从公司基本面来看,海天味业2014年在A股上市,5年多时间涨幅超700%,2019年上半年,海天味业实现归母净利润27亿元,同比增长22%。对比万科,2019年上半年,万科实现归母净利润118亿元,同比增长29%。从利润总额来看,万科是海天味业的4倍,两个公司的主营收入和净利润增长幅度又比较接近。只有从净资产收益率来看,海天味业的净资产收益率近3年平均超过30%,万科近3年的净资产收益率平均超过20%,海天味业才优于万科。海天味业与万科2019年上半年财务指标比较见表7-1。

表7-1 海天味业与万科2019年半年报财务指标比较

公司名称	净利润（亿元）	利润增速（%）	3年平均净资产收益率（%）	2019年8月31日市值（亿元）
海天味业	27	22	31	3096
万科	118	29	20	2915

估值差别大的情况还可以从贵州茅台和宝钢股份来看。贵州茅台2019年9月初市值超过1.43万亿元,中报利润199亿元;宝钢股份市值1300亿元,中报利润61亿元,贵州茅台利润是宝钢股份的3倍多,市值却是宝钢股份的11倍。贵州茅台的收入和利润成长性较好,并且3年平均净资产收益率在28%,而宝钢股份净资产收益率3年平均只有10%左右。虽然两个行业不能简单类比,但一个贵州茅台市值顶11个宝钢股份,从常识的角度看还是出人意料的,假如贵州茅台估值合理的话,宝钢股份可能就被低估了。贵州茅台和宝钢股份2019年中报财务数据见表7-2。

表 7-2　贵州茅台和宝钢股份 2019 年中报财务数据

公司名称	净利润（亿元）	3 年平均净资产收益率（%）	2019 年 8 月 31 日市值（亿元）
贵州茅台	199	28	14 300
宝钢股份	61	10	1300

此时，如果巴菲特在 A 股，他会怎么做？看一个人的过去，就可以简单判断他的现在，先看巴菲特对中国公司投资的操作。巴菲特 2003 年在香港买入中石油的时候，中石油整体市场估值不到 4000 亿元，2007 年 9 月中石油估值超过 2 万亿元时，巴菲特开始减持股票。2008 年 11 月中石油在 A 股上市，市值超过 8 万亿元，市场大热时，此时巴菲特已经卖出中石油所有 H 股。在 12 年后的 2019 年 8 月，中石油市值又跌回 1.2 万亿附近。事实上，巴菲特一贯的风格就是喜欢买在熊市低迷，卖在牛市大热。可以推测，巴菲特对平均市盈率超 30 倍的热门白酒股暂时不会感兴趣。至于盈利持续性欠佳又没有核心竞争力的科技股，仅凭热门概念就更不会引起巴菲特的注意。比如暴风集团，2015 年 A 股上市时连拉 30 多个涨停板，市值超 400 亿元，集人工智能、AR 等互联网概念于一身，万众瞩目，谁知 4 年之后市值只有 16 亿元，而且公司净资产已经资不抵债。

巴菲特认为，价值和安全边际缺一不可。价值体现在低估值和高 ROE 上，未来还要能确定长期、持续、稳定增长。安全边际主要体现在买入价格，一定要相对便宜才行。如果巴菲特在中国，他不会去追涨热门的食品饮料和科技概念股，而可能会关注那些长期被市场冷落的金融地产和传统行业消费龙头股。即使有些热门概念股持续火爆，巴菲特也不会动心。诚如他自己所言，股市价格和价值的关系就像小狗和它的主人，散步的时候，小狗一会儿跑前一会儿跑后，有时候小狗会跑得很远，但终究会回到主人身边。即使再好的行业和公司，如果远离价值也会有风险。

追科技股谨防幸存者偏差

科技独角兽概念股上市很容易受到追捧。药明康德2018年A股上市后连续16个涨停板，总市值达1400多亿元。宁德时代上市后也是连续8个涨停板，市值近1800亿元。还有包括中央汇金、BAT互联网巨头等合计斥资81.35亿元，加入工业富联战略投资者队伍。虽然一时间独角兽概念股火热，但市场对传统的医药、食品饮料等行业也并未冷落，医药股中恒瑞医药、片仔癀等股票也是长期慢牛股，白酒板块更是出现持续行情。经常有投资者问，科技独角兽概念股与传统的消费白马股，究竟谁能赢得"长跑比赛"？

打个形象的比方，独角兽板块是矛，医药和白酒板块是盾，究竟是矛更尖利还是盾更坚固呢？

从A股的历史来看，A股的科技股是从1999年"5·19行情"开始兴起，到2019年正好是整整20年。据数据统计，在"5·19

行情"的时候，A股一共有857只股票，20年后还在正常交易的股票是780只。涨幅超过20倍以上的股票有24家。这24家中，格力电器、云南白药涨幅超过了100倍，涨幅八九十倍的有双汇发展、伊利股份、五粮液、泸州老窖、山西汾酒、古井贡等白酒股。医药方面有复星医药、丽珠集团、上海医药等股票。有12只股票是消费白马类股票，占比50%。20年来涨幅5～19倍的股票有136只。这136只股票中有40%的股票是各种消费类股票。这其中科技股只有中兴通讯和海虹控股这两个股票，涨幅在10倍左右，算是科技股的亮点，其他科技股如清华同方、京东方、大唐电信等还没有上榜。

科技股从整体、从长期来看表现不尽如人意，主要有三个原因。一是一些科技股技术专利的"护城河"不够宽，科技股如果技术含量不足或者竞争力欠缺，从生产到实现利润的过程中，往往会低于预期。为了提升技术、应对竞争，还需要不停地投入资金，这些都会导致投资回报平庸。二是技术类公司在技术领域更新迭代很快，往往技术优势不能持久。以京东方为例，2005年前后流行的是LCD液晶屏，2010年换成了LED，2015年又变成了OLED，相关生产线从第三代、第四代仅十几年时间就延伸到第八代、第九代，技术更新非常快。一旦停止烧钱就可能会出局。今天是技术优势，稍有懈怠明天可能就是落后产能。三是热门科技股万众瞩目，往往上市的时候就受到追捧，导致估值过高，科大讯飞、华大基因等科技股上市，动辄百倍以上的市盈率，股价已经提前透支了好几年,所以从长期看会影响它的投资收益。

也许有人会说 BAT,还有长期亏损的京东、亚马逊为什么长期走势还很不错呢?诚然,BAT 以及京东、亚马逊有各自的成长环境和竞争优势,但是投资者在研究的时候,还应该注意幸存者偏差。幸存者偏差开始被关注是第二次世界大战时期,1940年德国和英国空战,英国皇家空军为了减少飞行员和飞机的损失,对每次飞回来的千疮百孔的飞机进行统计,对弹孔比较多容易受损的地方统计后进行加固,但是效果并不明显。后来在美军的帮助下,发现这个统计是有问题的,它不应该统计那些活着回来的飞行员和飞机,而是应该统计那些被德军击落的飞机,因为那些飞机受损的部位才是应该被加固的致命点。类似于 BAT 的明星公司,它只是成千上万家互联网公司和科技类公司的幸存者,更多的失败案例却被忽略了,而消费类白马股公司存活率却要大很多,如果只看到 BAT 成功,就可能被幸存者偏差误导。

都是网红,差别为何这么大

在 2013—2016 年,市场上多次出现乐视网和贵州茅台谁未来更有价值的争论,价值投资者茅粉很多,科技成长股的乐视网也曾圈粉无数,包括很多机构投资者、社会名流、电影明星等都对乐视网趋之若鹜,有人豪掷数千万入股,有人辞去官职,和一些电视台体育、娱乐节目主持人纷纷跳槽到乐视网，2019年4月25日，随着乐视网的暂停上市，似乎一切都画上了句号。

乐视网对贵州茅台，正好对应着题材与价值两个投资方向，于是又回到这个争论不休多年的话题：炒题材与买价值谁更有未来？

不同风格的投资者对这个问题的答案肯定不同。对于贵州茅台和乐视网来说，正好是价值股和题材股的两个极端的代表。什么是价值股呢？主要特征就是低市盈率、低市净率、收益高、分红很高的股票。贵州茅台2018年的年报利润是352亿元，现金分红182亿元，这是价值股的代表。题材股往往是与事件相关的股票或者是具有某种共同特征，如互联网板块、芯片这种概念特征组成的股票。它一般具有事件驱动爆发力强或者遇到"风口"快速增长的特点，比如，乐视网就是题材股的代表。乐视网上市的时候是互联网概念，后来苹果火了之后，它做手机，变成手机概念；再后来特斯拉新能源汽车火了，它又去进军汽车领域，所以又兼有新能源汽车题材，恨不得市场热门题材都具备，集万千宠爱于一身。

从投资逻辑的角度来讲，价值也是概念的一部分，概念也具有某种价值，投资者偏好价值或者偏好题材本身没有错，但是题材和价值由于理念方法不同会导致未来结果不同。从长期来看，价值股风险小一些，而题材股波动大，隐含陷阱。简单而言，选择题材股还是价值股，至少有三个问题事先要考虑清楚。

一是对题材股的研究，定量和定性不可偏废。一般来说，题材股由于某种事件连续驱动或成长性比较好，财务报表一时很不错，或者财报不尽如人意但想象空间比较大，并且短期难以证伪。比如乐视网，从定量的角度看，乐视网的财报2008—2016年看上去都是非常好的。判断一个上市公司财报如何，一般有几个指标，比如，从它的主营收入增长速度、利润增长速度、净资产收益率，还有主营毛利率和现金流等来综合判断。乐视网财报从这几个方面来看，自2008年以来就非常漂亮，总能符合"预期"。它的主营收入平均每年增长100%，也就是说每年翻倍。净利润平均每年增长50%，能持续七八年时间高增长。净资产收益率也很靓丽，平均在13%～20%。乐视网2012—2017年主要财务数据见表7-3。

表7-3 乐视网2012—2017年主要财务数据

年　份	2012	2013	2014	2015	2016	2017
净利润（亿元）	1.94	2.55	3.64	5.73	5.55	-139.00
利润增长率（%）	48.1	31.3	42.7	57.4	-3.19	-2601
净资产收益率（%）	15.6	15.9	11.5	14.6	5.4	—

互联网公司一般在早期很难实现盈利，如亚马逊或者京东，它们是亏损的，但乐视网是盈利的。乐视网的盈利怎么定性？如果简单从行业来比较，比如乐视网在上市的时候，作为视频网站，它是盈利的，报表是盈利的。放眼全行业，在2010年前后视频网站的前几名公司，像土豆网、优酷网、爱奇艺等，它们还在盈

亏平衡点上苦苦挣扎，但乐视网竟然盈利了，当时乐视网在视频网站的排名在 10 名之后，显然极为蹊跷。

二是看主营业务。乐视网七大主营业务共存，但没有一项业务行业领先。乐视做手机，只是概念，并未进入手机领域前三名。做超级电视，每台亏损 500 元出货。做新能源汽车就更遥远了，只能 PPT 演示。如果没有坚固领先的主营业务，概念叠加犹如沙滩建高楼。定性的判断不存在，定量判断再好也容易成坑。

巴菲特曾讲，他愿意用比较合理的价格去买一个好的公司，也不愿意用一个比较便宜的价格去买一个一般的公司。就是强调在给企业估值的时候，定性要先于定量。比如买贵州茅台股票，2012 年 200 元买贵州茅台股票，可能不便宜，后来也确实跌到过 140 元之下，但是时间是你的朋友，随着时间的推移，它会涨回来并且再创新高，企业的增长会给你带来回报。而乐视网发展的根基不牢，2015 年以后股价从 40 多元钱一路下跌，每跌一段时间，很多抄底者便加入抄底队伍，但是企业经营每况愈下，随着时间的推移，基本面就会越来越暗淡，时间此时就变成了你的敌人。到 2018 年，乐视网平均股价已经跌到了三四块钱，在 2019 年 4 月乐视网被暂停上市前，股价又跌去了 50% 多，最低已经跌到每股 1.65 元。

三是关注企业的长期分红率。一个企业发展得好坏，和它的经营现金流有重要关系，如果一个企业能分红而且长期愿意分红，那么至少可以证明它能够从这个市场赚到钱，它的现金流相对而言是健康的。以贵州茅台为例,贵州茅台 2017 年现金分红超过 130 亿元,2018 年现金分红 182 亿元。贵州茅台从上市以来,总计募集资金 22 亿元,从 2001 年到 2019 年 18 年时间现金分红 750 亿元。乐视网首次上市募集资金 6 亿多元,中间有三次配股和增发,先后募集有 70 亿元的资金,另外还有超过 100 多亿元的发债,不停地向股东要钱,但给股东的回报很少,上市以来现金分红只有 2 亿元。本书前面也多次讲到,对这种资金饥渴型公司要特别警惕。对于题材股而言,它未来只有两个方向,要么逐渐变成价值股,要么一地鸡毛、鸡飞蛋打。

数字货币概念热,警惕"过山车"

区块链及数字货币板块连续走强,2019 年国庆节后 5 个交易日,数字货币指数涨 14%。事实上,这两个板块在国庆前已有所表现,数字货币板块指数 9 月中旬以来,不到一个月已累计涨超 20%,板块中出现多只个股连续涨停。

数字货币是一种不受管制的数字化货币,通常由开发者发行管理,被特定虚拟社区的成员接受和使用。区块链技术让数字货币得以出现。比如比特币,2009 年 1 月 3 日诞生,2010 年 5 月发生的第一次交易是有人用 1 万个比特币购买了 25 美元的比萨饼,相当于每个比特币只值 0.25 美分,到 2013 年年底,每个比特币的价格已经涨到 1200 美元,2019 年 6 月 22 日,单个比特币价格突破 10 000 美元大关。以比特币为代表的数字货币暴涨后,各种数字货币如雨后春笋般冒出,一些国家央行也成立了数字货币研究所来探索数字货币的应用。

数字货币主要有三个特征:一是数字货币没有发行主体;二是数字货币的总量固定,这从根本上消除了虚拟货币滥发导致通货膨胀的可能;三是由于交易过程需要网络中各个节点的认可,因此会让数字货币的交易过程足够安全。

与传统的银行转账、汇款等方式相比,数字货币交易不需要向第三方支付费用,其速度更快、交易成本更低,特别适用于替代有高额手续费的跨境支付。比如,你需要向美国一个客户支付 1 万美元,传统的做法是,先将人民币兑换成美元,然后跨境支付。假如双方认可比特币的价值是 1 万美元,你只需要通过虚拟账户向对方转过去一个比特币就可以了,成本低、交易便捷。

数字货币之所以被热捧,也和经济社会对当前货币政策的不满有关,一些主权国家在刺激经济发展过程中,往往借助于货币政策,启动"直升机撒钱"模式,通过长期宽松货币政策,以超常规的低利率和超量的货币注入来刺激经济增长。

数字货币发行者通常都是不受监管的第三方,货币的创造、运行在银行体系之外,发行量取决于发行者的意愿,因此会使货币供应量不稳定。目前国际上各国央行并没有承认数字货币与法定货币的某种对应关系,由于数字货币支持远程点对点支付,不需要第三方作为中介,交易双方可以在完全陌生的情况下完成交易,具有很高的匿名性,能够保护交易者的隐私,但同时也给网络犯罪创造了便利,容易被洗钱组织和其他犯罪活动所利用。

数字货币概念股大涨后,多家相关公司急发公告提示风险,有的表示区块链和数字货币业务尚不成熟,也有公司表示不涉及相关业务。连续4天涨停的科达股份发公告称:公司关注到近日有媒体将公司归入"数字货币概念股",公司在区块链领域进行了初步的研究和探索,尚处于前期阶段,且截至目前未有盈利,并预计短期内不会实现盈利。从财报可以看出,该公司的净利润已经连续两年大幅度下滑。再加上科达股份的股价从2015年最高点跌到2019年8月的低点,跌幅近90%,其股价反弹上涨也有超跌修正的原因。

数字货币崛起从长期来看已成为大趋势。但从短期来看,整个板块市盈率高,超过50倍,产品服务平均30%左右的毛利率并不高,研发投入规模还比较小,总体投资机会并不好。只有部分围绕发行环节的银行IT供应商、流通环节的钱包服务提供商和支付服务提供商,有一定的投资机会。但是这种概念性的炒作类似于风险投资,并不适合脚踏实地的低风险偏好投资者。

大资金更关注确定性

2019年的A股市场有三个特征非常明显。

一是市场更关注业绩和成长。从由题材驱动逐渐转向由业绩成长驱动，从一季度猪肉概念股开始上涨，到后来工业大麻和5G概念受热捧，题材概念炒得比较厉害。但是4月份之后，业绩的影响力逐步增加，中国平安、招商银行、贵州茅台、五粮液、海天味业等业绩增长较好、估值适中的公司不停创新高，成为市场主流。

二是市场更关注行业头部公司。由过去的行业个股齐涨共跌，逐渐转向追捧行业的头部公司。如贵州茅台、五粮液、格力电器、美的集团，以及中国平安、招商银行，这些受追捧的公司都是所在行业的头部公司，竞争力强并且市场占有率比较高。美股近10年的上涨，大体上也是这样一个逻辑。标普500指数从2019年年初的2400多点涨到年中的2900多点，涨幅为20%，但是市盈率从2018年年底的23倍降到2019年7月份的20倍。指数在上涨，估值却在降低，原因就是标普500指数企业的业绩增长更快，抵消了股价上涨。标普500指数的500家公司占美股上市公司数量的10%左右，但市值超过30万亿美元，占到了美股总市值的80%。仅2019年上半年，微软的股价就上涨了40%，亚马逊和苹果的股价也上涨了30%。可以说，是大公司和行业龙头公司的上涨推动了美股这些年的上涨。

A股也逐渐出现类似情况，在2018年股价表现良好的基础上，2019年上半年五粮液涨了150%，贵州茅台涨了70%，中国平安涨了60%，招商银行涨了40%，但A股整体估值水平基本维持不变。

三是市场更关注公司长期盈利的确定性，越是确定性好的公司越受市场追捧。即使部分公司短期由于周期或者其他政策原因业绩不达预期，但是市场在短期调整之后仍然会上涨。格力电器自2010年以来业绩一直大体保持20%以上的高速增长，但是2019年一季报其增长降到个位数。假设它2019年增长5%，以2018年260多亿元的利润来计算，增长5%也有13亿元的利润。如果和一个只有几百万元利润的小企业比，即使后者偶尔业绩增长10倍，总量仍然很小，加上小企业由于规模小、经营不稳定，风险仍然高于大企业。

机构配置核心资产不仅包括金融地产、消费医疗，还包括中国制造、中国基建、中国资源和有色、钢铁等核心资产。从长期来看，这些行业会受益于中国经济总量的增长，仍然具有成长的确定性。

所以对投资者来说，对优秀蓝筹股，既要看到市场的新变化，也要保持一定的投资定力。

第八章

投资是一场
　修行

本杰明·格雷厄姆——

如果从事证券投资是为了赚钱,那么寻求别人意见就是要求别人告诉他们如何赚钱,这是非常愚蠢的。

股市大跌怎么办

巴菲特的老师本杰明·格雷厄姆在1929年华尔街大崩盘期间损失惨重,几近破产。他后来总结自己的经验写了两本书,一本是《证券分析》,另一本是《聪明的投资者》。如果把格雷厄姆的核心投资思想进行简单概括,主要是两点。

一是安全边际。坚持以低于公司内在价值买入股票,对所选企业进行估价,要以低于合理公允价值买进股票,留足安全边际。举个例子,假如你对奶牛生意很喜欢,把奶牛当成股票,想参与做奶牛生意,市场上的奶牛价格可能有的卖5000元一头,也可能有的卖8000元一头。你就需要计算奶牛一天产多少牛奶,牛奶的市场价格是多少,一年能够收入多少,奶牛能产奶多少年,饲料的成本变化情况,奶牛行业其他企业的情况等,核算之后得出一个买奶牛的盈亏平衡价格,比方是5000元买一头奶牛就不会亏钱。那么等到市场奶牛价格低于5000元并低到一定程度时,比如遇到市场不景气,一头奶牛价格跌到3000元一头时,这时候进行这项投资显然是划算的,就可以考虑买进,越跌越买。如果市场奶牛价格高于 5000 元,比如是 6000 元或 8000 元时,就不能做这项投资,这就是安全边际。

二是正确面对市场先生。不受市场干扰,理性面对市场的波动,把手里的股票看成实体企业的一部分。格雷厄姆认为,市场波动是你的朋友而不是敌人。他了打一个比方,市场先生就像是你的一个精力充沛的邻居,它每天会不厌其烦地给你报价,比如,他有时候心情好、热情很高,给你的报价很高,说要把手里的奶牛 2 万元卖给你;有时候他又心情极其沮丧,不看好养牛生意,愿意把手里的奶牛 3000 元就卖给你。对你来说就是不要受其情绪波动干扰,只在价格很低的时候多买奶牛;而在价格很高的时候,就可以考虑不养奶牛,把奶牛卖给他。

虽然很多投资者都懂这个道理,但是由于市场下跌情绪传染,加上每次下跌的原因似乎也各不相同,投资者对自己手中股票到底值多少钱并不确定,所以投资者很容易信心动摇。某一次,有个朋友给我打电话,问市场大跌了要不要卖掉手中的股票。我就反问他,我知道你手里也有两套房子,房市最近也很低迷,有时候还租不出去,为什么你不焦虑去抛售你的房子呢?很多人总是喜欢把股票投资和实体投资割裂开来,似乎两者逻辑不同。股票有报价,实时给你提供一个交易价格,投资者就开始关心价格波动,有空就瞄一眼,很容易受环境影响而追涨杀跌。房子没有人每天给你一个报价,而且它交易起来也比较麻烦,所以投资房地产的人一般持有期限比较长,更没法追涨杀跌,反而是低买高卖,如果投资者以买房子的心态来投资股票,估计收益会好很多。

回顾全球资本市场200多年的历史,经历过无数次大波动。A股市场自1990年以来,经历了1998年亚洲金融危机,2003年的"非典事件",2008年的全球金融危机,2013年的"钱荒"和2015年的股灾,等等,股市牛熊转换起起伏伏,还是在不断发展,再创新高。巴菲特曾说,股票投资一定要乐观面对未来,否则就不适合投资。生活中每天都有各种不确定性,所谓年年难过年年过,在大的波动面前,投资者只要保持定力,坚守自己的投资逻辑,耐心持有合理价格的好公司,时间终会成为你的朋友。

股息率高有多重要

以前A股公司的分红方式,偏爱大比例送转股,2017年以后现金派息逐步成为分红主流。银行股一向以高比例分红、高股息率受机构和长期投资者追捧。以2017年度为例,有16家上市银行年度现金分红比例超过20%,合计分红超3400亿元。交通银行、农业银行、中国银行等多家银行股息率都超过4.5%,远高于同期1.75%的银行1年期存款利率。除了银行股,一些传统的白马蓝筹股和业绩优良股也出现大手笔分红,2017年度贵州茅台每

10股现金分红109.99元,是当年A股每股分红最高的公司;江铃汽车、方大特钢2017年度分红的股息率都超过10%。2018年度A股分红率和股息率比2017年度又有提升,华宝股份、小天鹅等多家公司还出现10股派40元大笔现金分红的情况。

上市公司转向现金分红也和国际惯例逐步接轨。2017年以来,证监会明确上市公司没有正当理由不能长期不分红,同时《证券法》也规定,上市公司应该按照上市章程对股东约定进行分红。以前很多公司被称为"铁公鸡",如浪莎股份、金杯汽车等公司上市多年一毛不拔。而浪莎股份上市20年不分红,2017年也开始分红了,虽然每股只派现6分钱,但毕竟开了好头。A股现金分红多的,如银行板块,2008—2018年10年间,工、农、中、建、交五大行分红总额超过25 000亿元。福耀玻璃上市后一共募集资金7.13亿元,到2019年累计现金分红已经超过150亿元。贵州茅台上市后一共从市场募资22.4亿元,到2019年累计现金分红已经达到757亿元。由此可见,业绩好的公司仅分红一项就能给投资者带来丰厚回报。

以人民币计价,香港股市2017年平均市值53万亿元,现金分红超过9千多亿元,平均股息率1.8%左右。而A股市场同期市值60万亿元左右,分红人民币超过1万亿元,平均股息率1.7%,在分红方面已经明显缩小差距并接近香港市场。2018年,A股总分红金额已达到11 800亿元左右,如果按2018年年底A股总市值50万亿元计算,A股总体股息率超过2.3%。

分红是上市公司的"试金石",其重要性怎么强调都不为过,有两个原因。

一是上市公司如果能够连续高分红,说明它的造血能力很强,经营能力强并且赚钱多,并且对股东的回报意识还很强。除了银行股之外,还有很多公司如沪宁高速、上海汽车、福耀玻璃、双汇集团等,长期以来有着良好的分红记录。可以说,一个能够长期高分红的公司,它一定是个好公司。

二是连续高分红的公司等于为长期投资、价值投资者铺上了一层安全垫。以浪莎股份和贵州茅台为例,浪莎股份假如持有20年,一共收到每股股息6分钱,如果没有股价上涨,这就是投资该公司20年的回报。但假如你从2001年持有贵州茅台股票到2017年,贵州茅台当时以35%的股份筹资22亿元,按2017年110亿元的分红来算,35%股份应该有38亿元左右的股息。也就是说,你当初投的22亿元资金,仅2017年的股息回报率就达到172%,这仅是一年的股息回报。2001—2019年,贵州茅台一共分红757亿元,其中35%的比例就是264.95亿元,当初22亿元募集资金18年时间仅现金分红回报就接近12倍。这还没有算上股价18年来100多倍的上涨。除了贵州茅台,福耀玻璃的股息收益回报也非常高,假如在1993年6月10日福耀玻璃上市第一天收盘价44.05元买入1万元股票(发行价是1.5元),到2018年这1万元已经累计分红超过5.5万元,当初这1万元在2017年度收到的分红金额就有6471元,股息率超过64%。更重要的是,在良好业绩支撑下，福耀玻璃股价增长也近 100 倍。长期投资的价值、资本复利的力量由此可见一斑。

巴菲特在 20 世纪八九十年代买了可口可乐的股票，他一直持有。21 世纪以来可口可乐的成长性并不突出，但是它有稳定的分红。根据巴菲特的算法，按他当初的投入，21 世纪以来可口可乐仅每年的分红回报就能实现 20% 以上的收益，相当于买了一个稳定的年收益在 20% 以上的一份长期债券。所以对于长期持股投资人，股息率高的公司就是一朵"永不凋谢的玫瑰"。

市场不确定，但你要确定

观察 2019 年的市场，券商、白酒、5G 以及电气设备等主题交替引领指数上行。特别是贵州茅台、五粮液再创历史新高，是变化莫测的市场中的稳定"三好学生"。从长期来看，热点轮换中的亮眼板块不一定是真强，而稳定性强的投资品种才能成为"长跑冠军"。

虽然 5G 通信和国防军工在行情回暖时股价弹性大，题材概念很热，表现亮眼，但是仔细研究会发现，5G 概念板块里真正拥有核心技术能够带来确定性盈利的企业是极少数的，更多的是题材股跟风炒作。国防军工板块除了行业整合和资产注入预期外，大部分企业盈利能力并不强，多年来一直是游资接力炒作的乐土。

从数据来看，银行、地产和白酒等行业业绩一直都相对比较稳定。从2018年的业绩来看，银行板块的招商银行利润增长14%，平安银行增长7%。房地产板块的万科A 2018年销售收入超过6000亿元，营收增长了22%，利润增长20%。碧桂园销售收入超过7000亿元，中国恒大超过5500亿元，与2017年相比都取得了较大增长。白酒板块的贵州茅台营收增长26%，净利润同比增长30%。在2018年经济增速下降的情况下，银行、地产和白酒板块的龙头企业，盈利增长一如既往保持了较好的确定性。

银行、地产和白酒行业，不仅相对具有确定性，它们的估值也有一定的安全边际。2018年在沪指3000点附近，银行板块只有6倍多的市盈率，市净率在0.8倍左右，基本上是净资产打八折卖。2018年，银行股的平均股息率是4%，房地产板块平均也只有9倍市盈率，银行地产和白酒行业，增长的前景和盈利模式相对具有较好的确定性，适合价值投资者中长期配置价值。

对于投资者来说，做投资一般有两种盈利模式。一种是以投机的方式炒股票，追逐热点，高抛低吸，赚交易对手的钱，喜欢不确定的标的。另一种是长期投资"捂股票"，买进股份把自己当成股东来分享企业的成长。在价格低的时候买进好企业长期持有，需要的是未来增长确定的标的。和投机不同，投资的本意就是寻找确定性，让时间成为朋友。

低价股风险反而比高价股大

A 股市场中，总有些人爱炒低价股，以为抢到了馅饼。但"便宜没好货"，这个道理放到 A 股同样适用。价廉却未必物美，低价股中特别是 1 元股大多都是业绩差、增长乏力或遭到处罚的个股，其中 ST 股和 *ST 股票就占了一大半。

截至 2019 年 4 月底，A 股市场有 3600 多家公司，既有千元股贵州茅台，也有几十家 1 元股。股价差距结构比以前更合理，这是市场走向成熟的表现。香港股市既有几分几厘的仙股，也有几百港币的股票。美国股市更是如此，巴菲特的伯克希尔股价 30 多万美元一股，美股最低也有跌破 1 美元的股票。一般来说，好公司就意味着高价格，高价格更有利于维护公司的市场形象。

对于 A 股来说，股价历史上曾经多次出现热炒低价股行情，炒作到最后，高价股和低价股价格相差无几，甚至有时还会出现垃圾股市值比绩优股还高的现象。笔者曾亲历 1996 年秋季沪深股市"鸡犬升天"行情，新股民入场往往先买便宜股票，牛市中随着新投资者的不断加入，市场筹码供求不平衡，低价股就出现脱离基本面的资金驱动式上涨，很多投资者甚至都不知道自己买的股票主营业务是做什么的，仅根据股价高低来炒作。市场先消灭 3 元以下的股票，股价上涨以后再消灭 5 元以下的股票，以至于最后不管是什么股票，只要是价格便宜就有人买，最终导致股价严重脱离基本面。1996年12月16日，《人民日报》发表特约评论员文章《正确认识当前股票市场》，随后沪深两市股价暴跌，垃圾股跌幅最大。股市资金炒作往往有个规律，涨时重势，跌时重质。相比于绩优股，当市场出现利空时，低价股股价跌幅更大。这种垃圾股"鸡犬升天"现象在2007年5月的牛市中又再次重演，随着2007年5月29日深夜财政部调高证券交易印花税给市场降温，第二天市场大跌，引发著名的"5·30事件"。

2015年的"杠杆牛"行情中，创业板的低价个股又被游资狂抄，以至于到2015年6月份，创业板平均市盈率被抬高到150倍，基本上已经见不到10元以下的股票了。创业板泡沫破灭后，创业板指数从2015年最高时4037点一直跌到2018年10月份的1184点才初步见底，平均股价跌去70%左右，到2019年9月，创业板中股价低于5元以下的个股上百只，股价大跌给市场造成了巨大伤害。

为什么股价会逐渐出现这种分化呢？一个原因就是A股扩容。2015年以来A股的大扩容，让壳价值和炒壳概念的股票价值回归，壳不再那么值钱了，所以价格下跌。二是监管层加大了对市场的监管力度，对一些欺诈上市、长期亏损、僵尸股，包括一些涉及危害公共安全的股票，可以强制退市，退市力度加大让问题股逐步去泡沫。此外，还有一个原因是A股市场对外开放力度加大。沪港深港互联互通的北上资金以及MSCI资金陆续加入，改变了 A 股的投资者结构。外资大多长期重视价值投资，回避题材概念，注重企业真实业绩，喜欢分红派息股票，追求稳定符合预期的回报。

2018 年，市场还有部分游资反复炒作乐视网重组和长生生物，但市场中游资跟风的热情已经大不如前。乐视网净资产为负，资不抵债，营收大幅下跌，一直没有好转的迹象，退市概率极大。即使是乐视汽车传来所谓利好消息，但贾跃亭的汽车资产和上市公司乐视网并没有直接关系，显然这些并不能对乐视网的股价形成支撑。长生生物涉及危害公共安全的重大事件，同时根据相关要求，没收它所有非法生产所得，并以最高的标准来处罚，长生生物退市基本上是板上钉钉的事情，这种情况下，还有不少散户火中取栗、跟风炒作就非常不理性。

1 元股看着便宜，实际上按照它的估值来说比高价股风险更大。

好股票价格不断上涨，垃圾股价格逐步下跌，进而逐渐被市场所淘汰，将会成为 A 股的长期发展趋势。

放大镜和望远镜所见不同

每次市场下跌，投资者都会急忙寻找原因。比如，在 2018 年端午节后，沪指跌破 3000 点。市场流传的利空，大体有两类。

一是和资金面有关。这包括 IPO 的扩容、"独角兽"的回归给市场造成压力，部分问题企业的股东高杠杆质押股权等。但是投资者要清楚，"独角兽"的回归和大企业融资，确实存在也无法避免，市场吐故纳新、不断成长是明牌，也就是说不会停止。A 股这么多年就是这么走过来的，从当初只有 8 家上市公司发展到 3000 多家上市公司，如果一个市场停止 IPO 上新股，那这个市场将会越做越小，没有生命力了。

二是出现一些利空事件。比如，部分企业信用债的违约，宏观金融去杠杆打破刚性兑付，让部分问题企业风险暴露。央行的报告也明文指出这个违约的比例非常低，2018 年前 5 个月一共是 663 亿元，占整个企业信用债市场的 0.39%，不仅低而且可控。此外，还有一部分问题企业由于高杠杆股权质押引发风险，对市场的信心产生了一定的影响。

市场点位虽然在 3000 点，但是很多股票的价格实际上已经跌破了 2016 年年初 2638 点时的前期低位。A 股所有股票的平均市盈率已经跌到 17 倍，与之相比，2016 年 1 月 2638 点时的平均市盈率是 17.7 倍，可见估值比当时的 2638 点还低。A 股总体的市盈率从 2016 年到 2018 年这 3 年时间，基本维持在 17～22.5 倍的箱体波动，17 倍市盈率基本位于箱体的底部。

与国际市场相比，截至 2018 年 6 月，A 股上证综指的市盈率只有 13 倍，美国标普 500 指数是 24 倍市盈率。如果与发展中国家比，印度市场的股指平均市盈率是 26 倍，巴西市场是 27 倍，雅加达综合指数市盈率也在 21 倍，A 股和这些国家相比明显具有吸引力。相反地，外资一直在不断流入，2017 年以来，平均每个月北上资金沪港通、陆港通资金流入 166 亿元左右。2018 年 4 月份流入的资金是 380 多亿元，到 5 月份北上资金流入 508 亿元，流入的速度明显加快。

尽管 A 股市场从 2015 年的 5100 点跌到 2018 年端午节前后的 3000 点，大盘在下跌，但是以贵州茅台、五粮液为代表的食品饮料板块股票已经创出历史新高，家用电器行业的格力电器、美的集团和一些医药股也创出了历史新高，远远跑赢大盘。同时也有超过四成以上的股票，股价相当于已经跌破 2016 年年初 2638 点时的位置，有的甚至还惨跌到相当于指数 1000 点时的位置，大多是一些问题企业和绩差企业。

即使在同一个市场中，点位只是一个参照，企业才是关键。跌破 3000 点这样的位置，如果你用放大镜去看这个市场，你看到的可能都是恐惧；但是如果你用望远镜来看这个市场，你将会看到很多的机会。

机构跑步入市，散户却在断舍离

在养老金、企业年金获准入市后，慈善基金也将迈入 A 股大门。2018 年 11 月 5 日，民政部发布《慈善组织保值增值投资活动管理暂行办法》，慈善组织在满足一定要求后，可以开展三类投资活动，即购买资管产品、进行股权投资或者委托机构投资，但也明确规定慈善组织不可以直接购买股票，也不能直接购买商品及金融衍生品类产品。

据不完全统计，2017年，捐赠收入过亿元的基金会共64家，比上年增加19家，增幅为23%，接收的社会捐赠总额达323.46亿元，占全年慈善捐赠总量的21.6%，占基金会募捐总量的49.2%。相关办法的正式出台，也意味着公募基金、私募基金、券商、信托等金融机构迎来业务开发的新机遇。

3000点以下的A股市场，估值吸引力不言而喻。越来越多的长线资金、机构资金纷纷入市。社保基金、养老金、企业年金和慈善基金相继入市，相信以后还会见到更多机构投资者入市的消息。不仅是国内的机构资金，海外资金也在加快入市步伐。陆港通资金从2014年成立以来到2018年年底，已经净流入内地超过6000亿元。

不仅是港资进入A股，其他如MSCI国家指数投资体系也宣布到2019年年底前，把A股纳入因子从5%提高到20%，提高比例后将会有近万亿元新增资金进入A股。这些资金有很多是MSCI自己国家指数的指数基金，还有一部分是被动跟随的投资基金。另外，英国富时罗素指数也在2019年将A股纳入投资标的。

由于中美贸易摩擦和外部环境的不确定性因素，A股指数偏弱，内地投资者情绪总体低迷，资金不断离场，而长线资金和外资却在不断地做战略性建仓。

越来越多的国外机构投资者和长期资金看好 A 股市场，主要原因在于 A 股上市公司不仅发展快、成长性好，而且估值比较低。2018 年以来，全部 A 股总体平均市盈率不到 16 倍，代表蓝筹股的沪深 300 市盈率基本维持在 11 倍左右，以 A 股和港股为代表的中国权益资产形成了全球的一个价值洼地，引起了世界各地投资者的关注。

股市是有周期的，在市场好的时候，投资者情绪高涨，积极入市，即使在市场涨过头政策降温的时候，股市仍然我行我素往上涨。但是到了熊市后期，市场跌过头的时候，即使政策扶持，投资者多数也变得心灰意冷。此时，外资和内资机构投资者的持续入市，将给 A 股带来新鲜血液。

科创板的看点在注册制

很多人说有了创业板，为什么还要推出科创板？其实创业板虽然是以民营企业为主，但它上市的企业还是传统企业。科创板是以科技创新型公司来作为主要的上市公司，在制度上和以往的创业板有很大的不同，表现在除了放宽盈利要求外，它在股权设计上，也有很大不同。比如在股权上，由于很多科创型公司的创始人，他们的个人股份和企业密切相关，但是随着对融资的需求，他们的股份不停地被摊薄和稀释。所以如何保持创业者对公司的控制权和决策权就相当重要。当年阿里巴巴从香港到美国上市，就是因为涉及同股不同权问题，不符合港交所的章程，最后阿里巴巴去了纳斯达克上市。后来港交所为此修改了相关规定，才有之后的小米公司能在香港上市。

对于科创板，关注科技创新公司上市是一个方面，更重要的看点在于试点注册制。这些年A股上市的科技股并不在少数，科创股并不是什么新生事物，但是试点注册制在A股市场前所未有。注册制试点是在增量上注册试点，因为A股市场规模比较大，有50多万亿元的市值，在科创板这个增量市场试点，引起的震动会比较小，有利于减少改革阻力。

注册制主要体现在对拟申请上市公司的形式审查上，全球主要的资本市场就是用这种方式。我国资本市场早期因为企业主体和投资者都不太成熟，所以开始是审批制，后来逐步发展到核准制，但仍属于实质性审查，主要审核企业上市的时间、发行的价格和融资的规模。而注册制更多的是要求形式上合规，信息披露真实。尤其是科技和创新企业估值的复杂性，不如把定价权交给市场，属于市场的交还给市场更合适。让市场做主的科创板会如何发展，科创板试点注册制取得相关经验以后，如何在主板和创业板推广等都是未来的重要看点。

研判科创板的未来发展，可以先参照创业板的成长历史。创业板自2009年10月开板到2018年10月已有9年历史，从设立之初只有28家上市公司，9年时间发展到有734家公司在创业板上市，规模不断壮大。数据显示，这 9 年全部创业板上市公司首发实际募集资金总和约为 3820 亿元。这些公司分属于 72 个行业。其中，属于高低压设备、计算机应用、医疗器械、专用设备、服装家纺等行业的创业板公司数量较多，高低压设备生产公司有 89 家。另外化学制药、仪器仪表、船舶制造等行业也有数十家公司在创业板上市。虽然也有少数公司属于饲料、装修等行业，但从总体行业分布上来看，创业板还是基本实现了为高端制造业公司提供上市平台这一目标。

创业板上市公司数量虽不断扩大，但退市的公司屈指可数。9 年时间从创业板退市的公司只有两家。一家是大华农，2015 年 10 月被温氏股份吸收合并。它并不是严格意义上从创业板退市，而是成为了温氏股份的一部分。另一家则是大名鼎鼎的欣泰电气，它因欺诈发行于 2017 年 8 月从创业板退市，并且无法恢复上市，是严格意义上的创业板"退市第一股"。

到 2018 年 11 月，创业板全部上市公司总市值约为 4.2 万亿元，市盈率中位数为 34 倍，市净率中位数为 2.7 倍，都处于历史较低区间。从市盈率整体走势来看，创业板市盈率历史最低点出现在 2012 年 12 月，当时低至 28 倍左右，最高点出现在 2015 年 6 月，达到 156 倍。2018 年 11 月创业板市盈率和市净率数据见表 8-1。

表 8-1　2018 年 11 月创业板市盈率和市净率

总市值	市盈率中位数	市净率中位数
4.2 万亿元	34 倍	2.7 倍

有人担心科创板推出之后，可能会对 A 股市场扩容产生压力，其实在 2009 年推出创业板的时候，市场也有同样的担心。从创业板这些年的发展来看，主板和创业板之间的区别定位逐渐清晰，估值也渐趋合理。科创板推出之后，A 股市场的结构会更加合理，科技和创新是当前市场发展的潮流，作为配置资源最前沿的资本市场理应顺应这个潮流。

科创板的推出必然对 A 股在估值方法上产生重要影响：一方面，低估值的科技股、蓝筹股可能会继续维持自己的发展趋势；另一方面，问题股和壳资源股，以及长期经营不善的垃圾股，由于市场扩容和风格变化，会进一步贬值。

参与科创板，防无知更要防偏见

科创板 IPO 发行引起市场的热捧，对投资者来说，参与申购问题不是很大，但是新股中签上市后收益如何，短期持有还是长期投资，都是需要考虑的问题。

从规则上来看，科创板股票上市交易和主板有很大的区别。在主板上市，一般上市之后会连续涨停，投资者在前几个交易日基本上不用看盘，也不用急着卖出。科创板因为前 5 个交易日没有涨跌幅限制，这样在上市的第一天就可能股价一步到位，也可能会大涨，不排除还有可能跌破发行价，股价的波动会比较大，也许第一天就可能要卖出了。而想买进股票的投资者，第一天只要想买进，出高价一定是可以成交的，这和以前主板的交易有很大不同。

从定价上来看，科创板IPO定价偏高。主板2016年以来IPO发行定价的市盈率平均在23倍左右，科创板第一股华兴源创的发行市盈率在40倍左右，由于主板过去是审批核准制，所以对新股发行的市盈率有所控制。但科创板是试点注册制，不同行业、不同股票的发行价格差别比较大，第一批挂牌的科创股有的发行市盈率超过了60倍，上市之后即使短期股价有好的表现，如果是高估值，那么后期维持高股价的压力就非常大，风险自然也会比较大。

从科创板和创业板的对比来看，创业板2019年已超过760多家公司，动态市盈率（TTM）中位数是50倍，如果科创板平均是40倍市盈率的发行价，相对于创业板还有上涨25%的空间。如果和主板对比，科创板40倍的发行市盈率相比于主板23倍的发行市盈率，价格有80%的增长，相当于股价还没有上市之前已经有80%的涨幅了，那么上市后如果股价定位高，就会有较高风险。

总体来看，科创板的风险会大于主板。科创板涉及科技创新七大行业，不管是生物技术、新一代信息技术还是人工智能等，不仅普通的投资者很难弄懂，即使是专家来做估值也困难不小。举个例子，5G对于A股的龙头股中兴通讯的投资者都不陌生。中兴通讯在全球是排名第四的电信设备供应商，2018年春由于被美国停供芯片等原因，出现了连续8个跌停板，无论对基本面研究有多么深厚，也很难预测到中兴通讯会出现这样的风险，这也算是股市的"黑天鹅"。2019年6月的中科曙光也曾突然出现跌停，中科曙光有中科院的背景，是计算机信息计算的龙头企业之一，由于上游供应链为国外企业控制，出现限购限供等意外情况后，股价就会大跌，而这些风险仅仅阅读财务报表是无法预知的。

所以对投资者来说，科创板企业肯定会存在一些不可预知的风险。从投资的经验来看，有时给你带来麻烦的往往不是无知，而是偏见。什么意思呢？就是说你不懂行业和企业可能问题还不是最大，因为你会谨慎从事，而那些你以为你懂的但事实并非如此，反而可能让你掉入陷阱。

科创板交易"三高"难持续

2019年7月22日，科创板第一批25只股票上市后，经过一周不限涨跌幅交易后，出现一些明显的特征。比如，整体股价方面表现强势，在估值方面出现"三高"，即市盈率高、换手率高、整体涨幅高。

从市盈率角度来看，这25家公司平均市盈率超过110倍，最高的是280多倍，最低中国通号也有30多倍。而同期香港的中国通号H股只有14倍市盈率。

从换手率的角度来看，这25家公司上市7个交易日换手率超过300%，相当于在7个交易日科创板流通股换手3遍。而纳斯达克换手率是一年200%，A股主板一年换手率也只有400%。

从涨幅来看，25只个股相对于发行价平均涨超170%。要知道这个涨幅是建立在发行市盈率50多倍的基础上再涨170%，如果和主板23倍发行市盈率来比的话，这个涨幅相当于已经超过400%。

科创板初期出现这种现象并不奇怪，是由于科创板稀缺以及流通市值较小所致。第一批上市只有25家公司，总量比较小，从流通盘来看，25家公司总股本是173亿股，流通股数是20亿股，相当于整个过程流通股市值不到2000亿元，只占整个市值的11%左右。安集科技在上市第一天最高涨幅达到520%，它只有1100万股的流通盘。一周后首个20%涨停板出现在沃尔德，即使在涨停板之后，其流通市值只也有16亿元，小盘、小市值造成了科创板流通股供不应求。

从联动效应来看，科创板与主板、创业板对标的影子股有较明显的联动效应。科创板从公司基本面来看可以简单分为两类。一类是有核心技术、成长性比较好的一些公司，比如芯片、刻光机等领域，发展前景比较好，公司估值偏高，市盈率在100倍以上，这样会带动主板和创业板相关的科技影子股和对标股走势活跃。但另一类偏传统产业的科创板股票，比如中国通号，上市第一周的动态市盈率（TTM）是37倍，和它对标的企业是中国中车，中国通号和中国中车两家公司的实控人都是国资委，产品的毛利率都在20%左右，规模也比较大，中国中车市盈率只有18倍，而中国通号是37倍。中国通号还有H股，H股的市盈率只有14倍左右，显然中国通号在科创板的股价有很大下行压力。

从制度红利来看，初期的科创板股显然还能收获不少制度红利，主要体现在两个方面。一是发行体制上试点注册制，发行效率比较高，同时交易所和管理部门只做形式审查，不做实质性审查，定价权交给市场。二是交易规则，前5个交易日不限涨跌幅，第六个交易日涨跌幅20%，和主板比就大大提高了股票交易的连续性和价值发现的效率。从世界成熟的市场来看，很少有国家还在对股市交易有价格涨跌方面的限制。A股在1996年12月之前也曾经有过不限制涨跌幅，后来因为早期市场波动比较大，风险也比较大，就改为涨跌停板制度。从科创板放宽价格波动的实际运行来看，并没有出现异常情况。

从融资和融券的对比来看，2019年8月下旬，A股主板有9000亿元的融资融券金额，其中8900亿元是融资买入，只有123亿元是融券卖出。科创板虽然只有900亿元的流通市值，但是有33亿元融资买入，有27亿元融券卖出，融资和融券相对比较均衡。

如果把科创板和历史上A股中小板上市与创业板上市相比，早期都出现了换手高、涨幅高的情形，但是随后的市场都出现了价格回归理性的现象。所以对于早期上市的科创板股，短期估值高要包容，长期看估值会下跌，回到与公司基本面匹配的状态。

底部到底长什么样

2018年10月,沪指终于跌破2016年年初的熔断低点2638点,此时投资者的心情也十分复杂,既希望指数这回跌下去是最后一跌,又怕跌得太多,还隐隐期待着反弹。对于股市老手来说,行情不好时,要多做功课未雨绸缪,冬播春收,牛熊终会周而复始轮回。

这里从市盈率的角度对比2018年10月上证综指2600点与2013年6月上证综指1849点时的市场情况。

2013年6月与2018年10月市盈率最低的5个行业见图8-1。

图8-1　2013年6月与2018年10月市盈率最低的5个行业

2018年2600点时钢铁等行业市盈率低于2013年的1849点时,整体市盈率最低的5个行业分别是银行、钢铁、房地产、建筑装饰和建筑材料，其中银行最低，为6倍，钢铁7倍，其他3个行业分别为9倍、10倍和12倍，对比2013年6月1849点时，这5个行业的市盈率分别为5倍、13倍、12倍、10倍和19倍，钢铁、房地产和建筑材料的估值都低于2013年。

2013年6月和2018年10月市盈率最高的5个行业见图8-2。

图8-2　2013年6月与2018年10月市盈率最高的5个行业

2018年2600点时整体市盈率最高的5个行业分别是国防军工、计算机、通信、休闲服务和医药生物，市盈率分别为57倍、41倍、34倍、29倍和26倍。对比2013年6月时，国防军工和计算机分别为29倍、34倍，通信暂无统计，休闲服务和医药生物分别为24倍和33倍，总体上多数行业的估值与2013年6月相差不大。

底部时期不仅估值低，成交量也都非常低。2018年10月沪指2600点时，A股有290多只股票跌破净资产，沪市成交惨淡，仅有869亿元，同时两个月内还4次出现日成交额不足千亿元的现象。在2016—2018年3年时间里，沪市也仅出现过5次成交额不足千亿的情况，而在2018年秋季一下子就出现了4次。

从大金融板块和白马蓝筹板块来看，大金融板块包括银行、券商和保险，权重占A股的30%，板块企稳对A股来说至关重要。实际上从2018年7月份以来，大金融板块已经企稳并且震荡攀升。而同期的白马蓝筹消费股在2018年二季度出现了补跌的走势，由于白马蓝筹股2017年涨得比较多，所以补跌的幅度也是相当大。格力电器和美的集团，作为消费白马股龙头，从年内高点到2018年10月跌幅接近40%，它们的市盈率已经跌到8倍左右，但它们的业绩增长和营收增长都超过了20%。万科2018年的利润在300亿元以上，利润增长超过20%，但市盈率也不到8倍，从年内高点到2018年三季度的跌幅近30%。还有中小板的成长股代表老板电器，从年内高点到2018年三季度的跌幅超过60%。这些蓝筹股的大幅下跌，从A股以往经验来看，往往意味着市场下跌接近尾声。

公募基金仓位也是另一个观察信号。从A股的市场研究来看，基金仓位比较高，那么市场的情绪也比较高，风险反而比较大。有一个基金持仓的"88魔咒"，说当偏股型基金仓位超过88%的时候，加仓的空间和动力已经减小，市场可能会形成顶部。如果基金仓位偏低说明市场情绪比较低，此时如果 A 股市场的估值也偏低的话，就有可能是市场底部的一个重要信号。

如果以局外人平常心的角度来看，市场在底部时期除了不知道何时上涨之外，在价格和估值等方面都非常具有吸引力。当然，即使显现底部特征，但从低迷到上涨往往还需要一段时间。越是此时，很多投资者经不起熊市低迷和市场情绪压抑，在若有若无的悲观消息频传的环境下逐渐失去信心，本来应当在低位买进，最后却变成低位割肉卖出，把高抛低吸做成了高吸低抛。

降息降准是对股市放大招

稍微有经济学常识的投资者都知道，央行的举措对资本市场影响巨大，特别是利率和存款准备金率的变化，不仅影响市场流动性和资金成本，还影响经济周期，对股市更是有直接影响。

央行加息和降息简单来说是银行利用利率调整来改变现金流动性。一般来说，降息会给股票市场带来更多的资金，因此有利于股价上涨。当银行降息时，把资金存入银行的预期年化收益减少，所以降息会导致资金从银行流出，存款变为投资或消费，结果是资金流动性增加。降息会降低资金的使用成本，推动企业贷款扩大再生产，鼓励消费者贷款购买大件商品，使经济逐渐变热。加息正好与降息相反，收缩市场流动性，提高了资金成本，给经济降温。

央行降准就是降低存款准备金率。什么是存款准备金？简单来说，存款准备金是指银行要将存款的一定比例交给央行来保管，作为准备金，而存款准备金占银行存款总额的比例就是存款准备金率。央行降准是为了释放银行业的流动性，让市场上的钱多一些。央行要求银行上交存款准备金是为了防止商业银行盲目放贷，导致银行没有充足资金兑现储户的存款。如果金融机构的存款准备金率为20%，那么银行每收进100元存款，就要上交20元给央行作为存款准备金，剩下的80元才能去放贷。

降准和降息有什么区别呢？降息是降低银行的贷款预期年化利率，降低了资金的使用成本，没有增加市场资金量，但可以改变资金的投向。其主要目的是为了鼓励企业的投资行为，但不一定代表货币流通量就会因此增加。简单来讲，降准是投放的流通货币增加，降息是降低资金成本，鼓励投资。降息客观上主要有两个作用：一是通过降低银行存款回报，让钱进入银行之外的市场，提高交易活跃度；二是降低贷款的成本，提高企业的竞争力。

一般来说，央行连续加息或连续提高存款准备金率，意味着经济偏热需要适度收紧，央行希望热钱回到银行，对股市是明显的利空消息。而连续降息或者降准，意味着要刺激经济，鼓励投资，对股市形成利好。

举个例子，2018年4月25日央行宣布降准一个百分点，该如何解读呢？这次央行降准首先就是降低了银行和小微企业的成本，根据计算，降准一个百分点，释放的资金是 1.3 万亿元。不过其中 9000 亿元要结构性调整为中期借贷便利 MLF，就是把它进行资产置换。MLF 的资金成本当时大约是 3.3%，而存款准备金这部分利率是 1.62%，也就是说，3.3% 减去 1.62% 后，这中间 1.68% 部分的资金成本在置换中就被降低了。其次还释放了超过 4000 亿元的资金，经过货币乘数效应放大，进入流通领域的资金会远远超过 4000 亿元。这些资金对于缓解小微企业贷款难或者降低成本有很大的帮助。最后，降准之后资金宽松也会体现在理财市场上，就是由于资金的供给增加、货币宽松导致短期的银行理财产品的收益会小幅地下降。同时在债券市场上，企业发债的成本也会降低。

对于 A 股市场的投资者，特别是银行、地产等一些资金敏感型行业，大型银行的股息率基本上在 3%～4%，其股价就显得很有吸引力。还有以沪深 300 为代表的蓝筹股和高股息率的股票，吸引力也逐渐会凸显。从国际市场来看，存款准备金率在西方国家的重要性逐渐在下降，欧洲的央行法定存款准备金率长期在 2% 左右，英国和日本基本没有、也不再征收法定存款准备金，美国仅对存款超过 4900 万美元以上的银行征收 10% 的超额存款准备金。

欧美银行业之所以这样，因为欧美这些国家的融资，直接融资的占比比较高，直接融资和间接融资的比例基本上是在 1：1 左右，所以企业对银行的依赖就相对较少，这些国家的央行对市场的调控更多地依靠价格工具，如利率。我国从2011年的存款准备金率最高到21.5%之后，逐步进入一个下行通道，2018年维持在17%～15%。我国直接融资的比例比较低，2018年直接融资占比仅为20%左右，主要还是通过银行来进行放贷。所以随着银行业结构的优化，直接融资比例的上升，未来存款准备金率还有下调空间，有利于企业进一步降低成本。

A股GDP占比仅70%，成长空间大

虽然A股在3000点一带长期徘徊，但外资流入步伐一直都没有停止。2019年5月14日，国际知名指数编制公司MSCI宣布，将把现有A股的纳入因子提高一倍，即从5%提高至10%。中国A股在MSCI中国指数和MSCI新兴市场指数中的占比，将分别达到5.25%和1.76%。MSCI宣布将逐步通过2019年5月份、8月份、11月份的"三步走"，将A股纳入因子从5%提升至20%。

MSCI有序提高中国A股的纳入因子，说明外资对中国权益类市场非常看好，中国是世界第二大的经济体，但是外资对中国资产的配置和我们的经济体量还不够相称。2019年5月，A股沪深300的市盈率在12倍左右，美国标普500指数平均市盈率在21倍左右，纳斯达克指数的市盈率平均是33倍，A股明显比较便宜。MSCI还把18家创业板科技成长股也纳入了投资标的，说

明外资也看好中国科技创新股的潜力。

从总体来看，外资偏爱大市值股，对A股影响力明显上升。MSCI选股是"以大为美"，其选取的264家投资名单中，基本上是A股市值最大的前20%公司和利润最多的前20%公司。从外资在中国的持股金额来看，截至2019年3月底，外资持有A股的金额已经达到1.68万亿元。A股第一大机构群体是中国的公募基金，持股金额不到1.9万亿元，外资和公募基金的差距只有2000亿元左右。2019年8月份和11月份，MSCI继续提高中国A股的纳入因子，同时英国富时指数体系和标普500指数体系把A股纳入投资体系，据估算2019年外资新增进入A股的投资金额不会少于5000亿元。

2019年中国的GDP是99万亿元，A股市值60万亿元左右，股市总市值占GDP的比例60%左右，即使加上中概股和香港的H股，总市值也只是GDP的70%左右。美国2018年股市市值占GDP的比例约为210%。根据过去30年美股的经验，美国股票市场的市值和GDP的比例一般在100%～200%，平均在150%左右，当股市市值低于GDP的150%时，就越跌越有配置价值；当比例高于150%时就越涨风险会越大。和美股相比，A股市值占GDP的比例明显偏低，随着中国GDP不断上升，A股市值还有巨大的成长空间。

社保基金赚万亿，秘诀何在

从 2000 年年底至 2018 年年底，社保基金从 200 亿元的财政拨款发展到 2.24 万亿元的资产总额，社保基金自成立以来的年均投资收益率为 7.82%，累计投资收益金额为 9552 亿元，总体成绩不错。值得称道的是，社保基金自 2001 年入市以来，仅有两年出现小幅亏损。2008 年上证指数大跌 65%，社保基金当年亏损 6%；2018 年上证指数下跌 24%，社保基金亏损 2%，收益率均跑赢大盘指数。

国资划转社保基金进入全速推进阶段，2019 年国家将对 35 家中央管理企业实施划转，预计中央层面 59 家企业最终划转国有资本总额达 6600 亿元左右。据测算，中央和地方国有及国有控股大中型企业、金融机构划转 10% 的国有股权至社保基金，意味着将有万亿元级别的资金注入社保基金。在政策持续推动社保基金入市的背景下，国有资本划转社保基金意味着将有更多长线资金进入股市。

2019 年下半年，社保基金加快入市节奏，主要基于以下几个原因。一是入场时机好。沪深股指已在底部横盘震荡很久，很多绩优股股价都处于"低估"状态，在此时进场的风险相对较低。二是出于保值增值的需要。在通胀的压力下，购买国债、定期存款等理财产品只能满足保值的需求，无法做到增值。因此，社保基金需要进入预期收益率更高的股市，构建风险投资组合，争取更高的收益。三是社保基金加快A股入市节奏,有望充分发挥机构投资者的价值发现功能,引导投资者理性投资、价值投资。

社保基金长期投资业绩优秀,除了有正确的价值投资理念方法使社保基金能够获得较高的年化收益外,还与几次在资本市场的逆向投资有关。比如,在2005年市场低迷时社保基金大举建仓,在2007年上证综指5000点上方时,社保基金逐步减仓。此外,社保基金是最早对二级市场投资进行长期考核的机构。只有坚持长期考核,才能让具体的基金管理人按照长期的市场目标从容配置资产,精选个股,把握波段。社保基金用长期投资策略持有了一大批牛股,如格力电器、长春高新、三一重工、华润三九、同仁堂、乐普医疗等。

从上市公司角度来看,社保基金持有公司股票相当于为相关企业贴上了价值标签,预示公司后市有较大增值空间。同时,社保基金作为风向标,将引导大量市场资金流入这些标的企业,缓解企业的融资压力,提高企业的经营效率。可以说,社保基金的入场能够给市场灌输价值投资的理念,充分发挥其价值发现功能。

有人担心,外资的不断进入会否与境内机构争夺A股的定价权和主导权。其实,不是外资和内资在争夺市场定价权,而是价值投资理念和其他投机理念在争夺A股定价权。像社保基金这样的境内专业机构投资者,早已建立了符合价值投资的理念体系和方法,其有效性已经体现在其长期可持续的业绩中。与外资相比,境内机构投资者对中国公司的研究更加深入,具备显著优势。外资的进入能帮助推动市场进一步走向成熟有效,让长期投资和价值投资的理念能够更好地发扬光大。

比如,以往在公募或者专户领域,很多客户不仅要看半年和季度的业绩排名,甚至要看一个月、一周的排名,这种现象非常普遍,而且还会提出许多不符合市场规律的要求。这就导致基金市场产生两个突出问题:一是投资换手率居高不下;二是基金经理投资风格经常发生漂移。上述短期行为使得中国基金市场"短跑明星"层出不穷,而"长跑明星"少之又少。

在社保基金的影响下,公募基金的投资理念也在发生潜移默化的转变,对长期业绩的稳定性和持续性越来越重视。对此,部分基金公司开始改变投资策略,从过去比快的博弈策略转向比远的长线基本面策略。过去挑选股票,即便公司质地一般,只要有题材、概念和想象空间,就不妨短期炒作一把挣快钱。而未来将是"称体重的游戏",投资必须寻找好公司,特别是股价低于内在价值的公司,买入后长期投资。

上证5178点回顾,谁是赢家

2015年6月12日,上证指数最高冲到了5178点,随后指数一路向下,到2019年6月12日上证指数是2909点,4年来上证指数跌43%,深证成指跌50%,创业板指数大跌超过62%。我们先来看2015年6月到2019年6月4年时间A股市场涨跌数据。2015年6月—2019年6月涨幅居前的板块见图8-3。

图8-3　2015年6月—2019年6月涨幅居前的板块

从行业来看，4年来只有食品饮料、银行和家用电器取得了正收益。食品饮料行业中，又属白酒行业涨幅最高，4年涨幅224.48%。银行板块4年来也获得了11.39%的正收益。同样取得正收益的还有家用电器行业，4年上涨10.35%。

个股方面，牧原股份超越贵州茅台成为4年中涨幅最大的股票，涨幅高达370%；贵州茅台以310%的涨幅排名第二；排名第三的五粮液，涨幅达305%。25只翻倍股中，食品饮料和医药生物的个股最多。

如果把样本数据的时间拉长，看1999年5月到2019年5月这20年，A股市场正常交易的750家公司股价涨跌情况，其中有160家股价涨幅超过5倍，占比超过20%，涨幅前几名的是五粮液、泸州老窖、伊利股份、云南白药等。从基本面来看，得出的结论和 2015—2019 年这 4 年类似，从长期来看，股价上涨和公司业绩上涨是高度正相关的。

2019 年 5 月，A 股受中美贸易摩擦影响又出现了下跌弱势状态。五一节之后第一个交易日，沪深两市不仅没能迎来"开门红"，受外部环境影响反而出现了大跌，沪指收盘跌 5.58%，创业板指大跌 7.94%。个股方面跌停股超过 1000 只，是 A 股历史上第 20 次千股跌停。市场出现大幅波动，该怎么应对？

历史是一面镜子，对其梳理总结无疑可以指引未来的方向。

一是市场有情绪，但应对要有定力。这次利空消息出现在五一节假日，有人调侃说，本来投资者五一节在家关注伯克希尔股东大会，学习巴菲特长期投资和价值投资的经验，下定决心长期持有，然而第二天上班市场出现大跌，很多投资者又纷纷割肉杀跌出逃，价值投资只坚持了一天就被抛到九霄云外。

A 股是一个新兴市场，时间还比较短，所以波动比较大。比较典型的是 2007—2008 年内，股指就经历"冰火两重天"，市场情绪高昂时上证指数涨到了 6100 点，市场情绪低迷时股指能跌到 1664 点。市场还是那个市场，投资者还是那些投资者，但波动非常大。2015 年夏天上证综指创出 5178 点之后，到 2019 年夏天，4 年的时间，股市千股跌停就出现了 20 次。

美股 200 多年的历史，早期也是波动巨大，各种投机巨擘兴风作浪。1929 年华尔街大崩盘之后，美国颁布了新的证券法规重新来规范市场。特别是从 1980 年以来，美国股市一直维持慢牛走势。即便如此，美股在 1987 年 10 月 19 日也出现了一天暴跌 23% 的情况，好在几个月后就收复失地。可见，由市场情绪共振引发下跌有时难以避免，尤其是像 A 股这种新兴市场，除了买入时留足安全边际外，情绪应对也要有定力。

二是估值便宜才是最大的利好。2019 年一季度中国的 GDP 增长 6.4%，开局良好超出预期，社会融资总额上升比较快。从一季报数据来看，大部分企业的盈利出现了 7%～8% 的增长，形势比较好。随着二季度减税降费和积极政策的推出，企业盈利将逐步企稳回升。A 股整个估值也很便宜，3600 多家公司在 2019 年 5 月的平均市盈率是 17 倍，沪深 300 的市盈率只有 12 倍。同期美国标普 500 指数的市盈率是 21 倍，所以相比起来 A 股还是显得很便宜。从历史来看，估值便宜的时期往往是回报丰厚的时期。

三是情绪影响短期市场，长期还是业绩为王。短期来看，情绪可能主导市场，有时甚至持续时间还不短，但是从长期来看，业绩才是真正主导市场的因素。

金融业开放，释放增长红利

2018 年以来，我国在金融业方面进行了一系列重要开放举措：放宽银行、证券、保险行业外资股占比限制，加快保险行业开放进程，放宽外资金融机构设立限制，扩大外资金融机构在华业务范围，拓宽中外金融市场合作领域。

金融开放的力度加大加快超出市场预期，有的人尚未感觉到政策变化的价值，更多人则担心会不会金融领域"狼"来了。比如，在银行业和金融资产管理这一块，放开了上限，主要是向业务核准方面开放，在证券、期货、基金管理公司等方面，外资持股比例可以达到51%，到2020年上限放开。保险公司将进一步改善营商环境，逐步实行国民待遇。

资本市场进一步开放，包括香港和内地，沪港通、深港通每日互连互通的金额比例扩大了4倍，上海和伦敦的沪伦通让中英两地交易所之间的互联互通落地实现。

金融市场进一步开放将会推动金融业更健康成长。自1978年以来改革开放40多年，早期的开放以地域性的开放为主，设立4个经济特区：深圳、珠海、厦门、汕头，这些特区得益于开放的政策，取得了世人瞩目的成就。2001年中国加入世贸组织，开放的广度、力度和影响就更全面更广泛。从行业来看，"入世"早期人们最担心家电、汽车这些劳动密集型企业会受到冲击，而结果却出人意料，冰箱、空调、洗衣机、电视这些领域的产业纷纷走向世界，竞争力和市场份额都处在领先地位。汽车业随着开放迅速发展，自2013年起，中国汽车年产销量就超过美国，到2018年我国汽车年产销量均在2800万辆以上，美国2018年汽车年产销量在1800万辆附近，中国连续多年居世界第一位。

金融业开放更有利于金融板块估值的提升。以银行板块为例，银行股估值普遍长期偏低，平均不到 8 倍市盈率，多家银行股价跌破每股净资产，在净资产价格以下进行交易。银行股平均每年的股息率都超过 3%，证券和保险业的竞争比银行业相对要充分，开放有利于对这些行业的价值进行重估。到 2019 年 10 月，低估值的银行板块逐渐被市场认同，除了招商银行以外，宁波银行、平安银行也开始连创新高。

金融业开放还会对投资者的交易偏好产生影响。如在估值方面，A 股 20 多年的发展，从早期"老八股"到 2020 年 1 月 A 股有近 3800 家上市公司，上市公司不再稀缺后，壳资源和绩差股的价值不断回归，行业龙头和价值公司，特别是以蓝筹股为代表的流动性好的优质公司已经脱颖而出，A 股估值标准将逐渐和国际接轨。新兴市场早期投资者听消息、炒题材、做短差的交易顽疾也逐渐会向长期投资、价值投资的方向转换，金融业开放对市场的影响将进一步显现。这既是行业之幸，也是投资者之幸。

跋

  本书源起于中央电视台财经频道《交易时间》栏目 2018 年以来本人所做《陆家嘴观察》栏目的部分内容。特别感谢《交易时间》栏目制片人姜英秋先生，姜先生以其对中国资本市场的责任感和洞察力，使每期《陆家嘴观察》都能坚持理念先行传播价值，这在噪声纷扰的资本市场尤为可贵。财经频道上海同事们的真知灼见，也每每让我受益良多，这里不再赘述你们的名字。清华大学出版社王巧珍女士费心对书稿的规划和督促，使我重新认识到此项工作的价值，并得以锱铢积累完成。还有无论牛熊都支持我的朋友们，是你们给予我奔跑的能量。最后，我的家人一直在给我巨大的支持和付出，大学期间兼攻两个学位的女儿还为本书制作了图表。

  我对你们的感激无以言表。

2020 年 1 月